Torrents d'amour

Torrents d'amour

Swamini Krishnamrita Prana

Mata Amritanandamayi Center, San Ramon
Californie, États-Unis

Torrents d'amour

par Swamini Krishnamrita Prana

Publié par :
  Mata Amritanandamayi Center
  P.O. Box 613
  San Ramon, CA 94583
  États-Unis

—————————— *Torrential Love - French* ——————————

Première édition par le Centre MA : septembre 2016

En France :
  Ferme du Plessis
  28190 Pontgouin
  www.ammafrance.org

En Inde :
  www.amritapuri.org
  inform@amritapuri.org

Si toute la terre du monde devenait papier
Si toutes les mers du monde devenaient encre
Et si toutes les forêts devenaient crayons,
Cela ne suffirait toujours pas à décrire
La grandeur du Guru.

Kabir

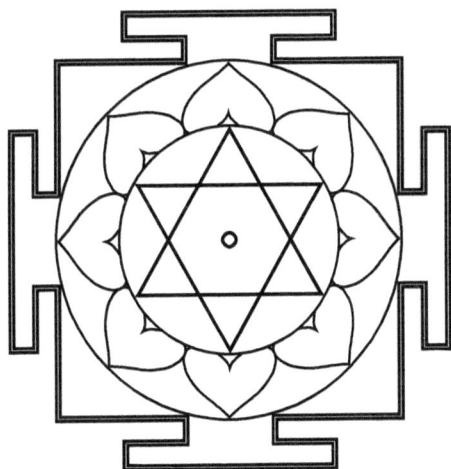

Table des matières

Introduction

Sans amour ni compassion, le monde ne peut
pas exister. Tout ce qui existe doit son existence
à l'amour et à la compassion que les Mahatmas
ont répandus sur la création tout entière.

Amma

Il existe des saints qui sont nés uniquement pour bénir la Terre de leur présence sacrée. Ils vivent paisiblement retirés dans des grottes isolées de l'Himalaya, absorbés en méditation, et ne voient que de rares visiteurs.

Mais d'autres mahatmas (mot à mot : grande âmes) viennent en ce monde pour soulager la souffrance et faire progresser l'humanité. Ces âmes réalisées qui se sont fondues dans la Conscience divine pourraient choisir de rester dans cet état suprême et de nous oublier. Elles préfèrent cependant descendre à notre niveau pour nous permettre de transcender nos souffrances et nous faire prendre conscience de notre vraie nature.

Tels de précieux diamants, ces mahatmas ne demeurent pas au fond d'une grotte, dans la tranquillité des forêts ou dans la splendeur majestueuse des montagnes. Ces âmes bienveillantes viennent à nous comme le Gange sacré ; elles sillonnent la terre jusque dans les quartiers sombres et sales des villes pour aller vers les laissés pour compte et les opprimés.

Comme un fleuve toujours pur et immuable, Amma purifie l'humanité partout où elle va. Certains vénèrent l'eau de la rivière, d'autres y crachent. Qu'importe ? La rivière garde son caractère sacré, elle coule de la Source, tout simplement.

Amma est un joyau exceptionnel, descendu sur terre pour essayer de nous libérer en douceur. Elle déborde de compassion pour tous ceux qu'elle rencontre. Elle a ainsi consolé et réconforté avec amour plus de 28 millions de personnes et continue d'aller vers tous, riches ou pauvres, malades ou bien portants, pour les prendre dans ses bras. Elle ne peut pas faire autrement.

Comme l'eau fraîche d'une source de montagne désaltère celui qui se meurt dans le désert, l'amour d'une âme réalisée est un doux nectar pour les êtres en proie aux tourments de l'existence mortelle.

Quand les gens viennent voir Amma, ils ont souvent de nombreuses requêtes – ils veulent sa bénédiction pour leur santé, leur famille ou leur travail. Amma répond à tous ces besoins individuels tout en soulignant qu' « une seule chose au monde est nécessaire, et si vous la possédez, tout le reste vient à vous : c'est l'amour. »

« L'amour, nous enseigne Amma, est en chacun de nous, même chez le plus cruel des hommes, mais nous sommes pour la plupart incapables d'exprimer cet amour qui reste piégé à l'intérieur de nous. La grande majorité des gens n'a pas reçu assez d'amour pendant l'enfance. Certains n'ont pas reçu d'amour maternel quand ils étaient encore dans le ventre de leur mère, et ce manque d'amour les a profondément affectés. Tout le monde a droit à ce trésor illimité d'amour et de bonté. On aura beau y puiser, jamais cette source ne tarira. Plus on donne de gentillesse et d'amour, plus on en a. »

Faute d'avoir connu cet amour pur, nous trouvons souvent la vie incroyablement difficile. Il nous arrive parfois d'avoir le sentiment d'être pris au piège dans un incendie et d'être dévorés par les flammes, intérieurement et extérieurement. C'est au moment même où nous sommes en proie au désespoir que la présence d'Amma agit comme une brise rafraîchissante et éteint le feu.

Un petit garçon d'Amritapuri accompagne parfois les nombreux enfants qui entourent Amma. Il n'a pas tout à fait trois ans, mais il veut essayer de la suivre de son pas encore mal assuré. Il titube. Patiemment, Amma l'aide à avancer, elle le rattrape pour le ramener sur le chemin, elle le redresse et s'il le faut, elle marche derrière lui pour le guider. Elle fait la même chose avec nous, elle nous guide patiemment dans la bonne direction ; quand nous nous écartons du chemin, elle nous guide avec douceur vers notre but.

Nous faisons tous le même voyage, mais quelquefois, nous oublions le but que nous essayons d'atteindre. Amma vient, encore et toujours, nous ramener vers notre destination finale.

Les gens me demandent souvent : « En quoi cela consiste-t-il de vivre avec Amma et de faire le tour du monde avec elle ? ». A vrai dire, il n'est pas facile de trouver les mots pour répondre à cette question. Il est extrêmement difficile, avec le langage limité dont nous disposons, d'exprimer la profondeur des sentiments et des impressions qui montent d'un cœur ému et ouvert.

Tout ce que je peux faire, c'est essayer de partager avec vous quelques-uns des joyaux qu'Amma a offerts en ma présence. Chaque parole qui émane d'elle est un trésor inestimable. Comment ne pas tendre les mains pour essayer de les prendre et de partager cette beauté ?

J'ai passé plus de la moitié de ma vie avec Amma – et pourtant elle reste totalement au-delà de ma compréhension. Juste au moment où je me dis que je commence peut-être à la comprendre, elle va totalement me contredire. Quand je pense que j'ai levé un des voiles qui la cachaient, j'en découvre plusieurs autres qui le remplacent.

J'ai été ravie de voir à quel point mon premier livre (Voyage sacré) aidait les gens à se relier à Amma, pensant que si, au moins une fois dans ma vie, j'avais pu glorifier le nom d'Amma, je n'avais pas perdu mon temps en écrivant ce livre. J'espère que les lecteurs apprécieront autant cette seconde offrande, et qu'ils connaîtront la cascade d'amour jaillissant de ce joyau d'ambroisie qu'est Amma.

Chapitre 1

Les débuts

Certains l'appellent Amma, d'autres lui
donnent d'autres noms. Mais « Cela » demeure
le même, inchangé, non affecté. Personne
ne peut percer le mystère de cet Être.

Amma

Amma est née dans une petite communauté de pêcheurs où le même mode de vie se perpétuait depuis des décennies. A cette époque, les visiteurs étaient rares dans ce village et on ne voyait jamais d'étrangers. Damayanti, la mère d'Amma, était une personne d'une grande dévotion ; tous les jours elle accomplissait les pratiques spirituelles traditionnelles. Elle répétait continuellement le nom du Seigneur. Elle se levait chaque matin à trois heures pour réveiller ses enfants, puis elle cueillait des fleurs pour fabriquer les guirlandes qu'elle offrirait à Dieu pendant les rituels.

Avant la naissance d'Amma, Damayanti dit à son mari qu'elle rêvait toutes les nuits du Seigneur Krishna : il entrait en elle sous la forme d'une lumière divine et cette lumière l'enveloppait. Sugunanachan répondit qu'il n'y avait là rien d'étonnant. « Tu répètes des *mantras* 20 heures par jour, tu penses tout le temps à Dieu, et ça t'étonne? » Pour autant, Damayanti Amma répondit qu'elle avait déjà mis au monde plusieurs autres enfants mais qu'elle n'avait jamais fait ce genre de rêves auparavant.

« Je suis sûre que l'enfant que je porte est tout à fait particulier, » dit-elle à son mari. Pourtant Achan refusa de la croire ; au contraire, il se moqua d'elle, puis il s'endormit aussitôt. Curieusement, cette nuit-là, le père d'Amma fit un rêve similaire. Comme il était assez rare qu'il aille au temple ou qu'il récite des *mantras*, il fut, lui aussi, convaincu que l'enfant porté par sa femme était un être divin. Chaque jour, il touchait le ventre de Damayanti et il saluait l'enfant qui était à l'intérieur. Plus tard, il dit que le ventre de sa femme, qui avait donné naissance à Amma, devait être l'endroit le plus pur du monde.

Dès son plus jeune âge, Amma surprit ses parents par sa différence. Elle n'avait encore que quelques mois que déjà elle regardait longuement et intensément toutes les photos de saints et les images des différents dieux et déesses qui ornaient les murs de leur maison. Son père raconte qu'après ces contemplations, elle se mettait à pleurer. Aucun autre de leurs enfants ne pleurait ainsi.

Enfant, Amma construisait des temples de sable, puis elle rassemblait les autres enfants pour jouer et prier Dieu dans ces temples. Dans le village où Amma grandit, personne ne connaissait le sanskrit. Mais étrangement, Amma avait une connaissance profonde de cette langue et elle enseignait des *mantras* sanskrits aux autres enfants. Personne ne connaissait ni ne pratiquait la méditation et pourtant, très jeune, Amma restait assise à méditer. Sa famille pensait qu'elle dormait ; ils se demandaient tout de même comment elle pouvait dormir aussi longtemps en position assise et en gardant le dos droit.

A l'âge de sept ans environ, Amma pleurait parfois à chaudes larmes sans s'arrêter, elle était folle de désir pour Dieu, perdue dans son monde intérieur de dévotion. Elle voulait se retirer dans un endroit solitaire pour pouvoir pleurer en appelant Dieu sans être dérangée. Voyant sa détresse, son père chercha à la consoler. Il la prit dans ses bras pour essayer de la réconforter. Elle demanda à son père de l'emmener dans les montagnes de l'Himalaya. Il lui promit qu'il le ferait et lui dit d'essayer de dormir. Elle s'endormit innocemment sur son épaule en croyant qu'il allait l'y emmener. Au réveil, quand Amma vit qu'elle n'était pas dans l'Himalaya, elle se remit à pleurer.

L'école primaire que fréquentait Amma se trouvait à dix minutes à pied de chez elle. Chaque matin, elle quittait la maison avec au moins une heure d'avance, mais elle arrivait toujours après les autres et souvent en retard. Un jour, les maîtres en ont eu assez de ses retards et ils ont décidé d'en parler à son père. Sugunana-chan ne savait pas comment expliquer la conduite de sa fille, il a donc décidé de mener son enquête en secret. Il s'est rendu compte que sur le chemin de l'école, Amma faisait le tour de toutes les maisons où habitaient des gens pauvres. Elle allait voir comment ils allaient et, au besoin, elle les aidait. Elle donnait à ces indigents tout ce qu'elle pouvait prendre chez elle. Si on la questionnait à ce sujet, elle refusait d'admettre quoi que ce soit. Elle n'avouait ce qu'elle avait fait que si elle y était vraiment contrainte.

A cette époque, il y avait dans le village un vieillard errant qui se rendait dans toutes les maisons. Il jouait d'un petit tambour et demandait l'aumône. Amma l'appelait toujours « père », ce qui irritait considérablement sa famille. Un jour, le père d'Amma a accroché son *dhoti* neuf à la corde à linge. Quand il est revenu le chercher, il vit a vu que son *dhoti* neuf avait été remplacé par un *dhoti* usagé. A plusieurs reprises, le père d'Amma et son frère aîné se sont aperçus que leurs habits neufs avaient disparu et avaient été remplacés par des vieux. Ils n'avaient aucune idée de ce qui avait bien pu se passer jusqu'à ce qu'un beau jour, Amma soit prise en flagrant délit tandis qu'elle remplaçait le *dhoti* neuf de son père par celui du mendiant. Ce jour là, elle a reçu une bonne correction.

Au cours moyen, Amma a été prise de fréquents et violents maux de ventre. Un jour, elle a eu si mal qu'elle a dû quitter l'école et rentrer à la maison. La douleur était tellement insupportable qu'Amma se tordait sur le sol. Son père, inquiet, est allé chercher un docteur au village de l'autre côté de la lagune.

Le médecin est arrivé avec des médicaments injectables. Quand Amma a vu la grosse seringue, elle a refusé qu'on lui fasse la piqûre. Une telle indocilité a mis son père en colère, d'autant plus qu'il avait pris la peine d'aller chercher le docteur. Il avait peur que le docteur ne soit fâché d'avoir été dérangé pour rien. Il a insisté pour qu'elle prenne au moins une partie des médicaments. Amma a accepté à contre cœur d'avaler un gros cachet avec un verre d'eau. A la suite de quoi, Amma a déclaré qu'elle allait bien et qu'elle n'avait plus mal au ventre. Quelques heures plus tard, elle est allée jouer dehors. C'est à ce moment là que son père a découvert le cachet mouillé qu'Amma avait recraché et caché sous son lit. Il a hoché la tête en se disant qu'elle était incorrigible.

A cette époque, le père d'Amma partait souvent à la pêche. Chaque fois qu'il rentrait, sa femme se plaignait d'Amma et lui dressait une liste interminable de ses derniers méfaits. Il en était ainsi un soir qu'Amma dormait ; à voix basse, sa mère racontait toutes les bêtises de sa fille à son mari. Tout à coup, Amma s'est écriée avec force: « Je ne suis pas votre bru[1] ! » Son père se souvient bien qu'Amma a martelé : « Je sais tout ! » très sérieusement.

Pensant qu'elle voulait dire qu'elle savait tout ce qu'il y avait dans son livre d'école, son père est allé le chercher. Le livre était tout neuf, il avait à peine été ouvert et sentait encore l'imprimerie. Sugunandan a demandé à Amma de donner la preuve de ce qu'elle avait avancé en récitant ce qu'il y avait dans le livre. Médusé, il l'entendit réciter le livre par cœur ; il savait bien que sa fille ne l'avait sans doute jamais ouvert. Puis il est allé chercher le livre de la sœur aînée d'Amma, qui était dans une classe supérieure,

---

[1] Traditionnellement on traite les brus avec moins de respect que les filles de la maison

pour interroger Amma. Là encore, à sa grande surprise, elle a récité tout ce qu'il y avait dans le livre de sa sœur.

Ébahis par l'intelligence exceptionnelle de leur fille, les parents d'Amma décidèrent qu'ils devaient tout faire pour lui donner une bonne instruction. Mais il ne devait pas en être ainsi, car la mère d'Amma tomba malade et Amma dut quitter l'école à la fin de la quatrième année pour s'occuper de la maison.

Amma n'allait plus à l'école mais elle apprit malgré toute une partie de ce qu'on y enseignait en aidant ses frères et sœurs à faire leurs devoirs. Elle devait s'occuper de ses frères et sœurs, les lever, les préparer pour l'école, leur donner à manger et en outre faire tout le travail domestique. Elle était la servante de la famille.

Chaque jour, Amma faisait les courses. Sa mère voulait qu'elle réussisse à couvrir toutes les dépenses de la semaine avec le peu d'argent qu'elle lui donnait. C'est ainsi qu'Amma a très tôt compris la valeur des choses et a appris à gérer les dépenses de la maison avec un tout petit budget. Ceci l'a aidée plus tard à gérer l'ashram et les diverses associations caritatives.

Le village où a grandi Amma est situé sur une étroite langue de terre entre la mer d'Oman et la lagune. Le village s'étendait sur environ 4 hectares. Mais la centaine de huttes qui le composaient étaient très rapprochées les unes des autres. Les enfants jouaient souvent chez l'un ou chez l'autre et les mères ne s'inquiétaient pas car elles les savaient en sécurité dans le voisinage.

Pendant six mois de l'année, la lagune habituellement trouble se remplissait d'eau propre si bien que les enfants sautaient dans l'eau et se baignaient. Ils grimpaient aussi aux arbres pour cueillir des mangues. Quand ils entendaient le vent souffler, ils couraient s'asseoir sous les arbres et priaient avec ferveur pour que les petites mangues tombent.

Amma aime évoquer ces moments de son enfance. Il n'y a pas longtemps, alors que nous étions en voiture à la fin d'une session

de *darshan*, un groupe d'enfants tout excités couraient derrière la voiture en criant et s'amusaient à essayer de rester à notre hauteur. Amma a dit que cela lui rappelait les moments de sa jeunesse, où tous les enfants s'amusaient à chercher des mangues. Elle dit que lorsqu'elle donne le *darshan*, elle entend parfois des cris d'enfants en train de jouer, ce qui lui rappelle sa jeunesse.

On envoyait souvent Amma chercher du feu chez les voisins pour faire la cuisine ou allumer la lampe. En ce temps-là, les gens du village n'utilisaient pas d'allumettes, ils allaient chercher du feu dans une maison où il était déjà allumé dans la cuisine. La mère d'Amma lui avait dit que si elle entrait dans une maison où il y avait de la vaisselle sale, elle devait d'abord la laver ou faire le ménage avant de prendre du feu. A cette époque-là, les gens du village avaient ce genre de considération mutuelle. Ils ne connaissaient rien à la spiritualité mais ces égards pour les autres faisaient partie de leur éducation.

Amma n'a pas eu de maître pour la guider au cours de sa jeunesse, elle considérait simplement tous les évènements comme des leçons spirituelles. Les expériences de la vie lui ont servi de maître.

Dans son enfance, quand la brise lui caressait la peau, elle avait l'impression que c'était Dieu qui l'embrassait. Amma dit qu'elle voulait tout le temps parler à tout, à son oreiller, à Mère Nature…. Pour elle, tout était rempli de Conscience divine.

Elle adorait être au bord de la mer et considérait l'océan comme sa mère. Elle s'asseyait au bord de l'eau pour tout lui raconter, parce que seul l'océan la comprenait. Il lui arrivait d'emporter du pain et quelque chose à boire et d'offrir le tout à la mer après avoir médité. Elle voulait tout partager avec elle.

Amma allait chaque jour de maison en maison demander des restes de nourriture pour nourrir les vaches de sa famille. Dans de nombreuses maisons, elle voyait une souffrance terrible. Si les pêcheurs restaient quelques jours sans prendre de poissons, alors

bien souvent leur famille souffrait de la faim. Il y avait beaucoup de familles nombreuses à l'époque, certaines avaient douze
enfants. Quelquefois, Amma voyait des mères pleurer, folles de
chagrin, leurs enfants dans les bras. Les enfants pleuraient parce
qu'ils avaient faim et les mères parce qu'elles n'avaient rien à leur
donner ; pendant ce temps là, dans d'autres maisons, il y avait
de la nourriture en abondance. Cette disparité troublait Amma
et la faisait hurler de colère contre un Dieu qui se montrait aussi
injuste. Mais il lui fut répondu que si ces gens souffraient, c'était à
cause de leur *karma*. Cependant, si c'était leur *karma* de souffrir,
c'était son *dharma* à elle de manifester de la compassion.

Amma ne s'est jamais demandé si Dieu existait ou pas. Pour
elle, le problème était le suivant : « Comment puis-je soulager la
souffrance qui sévit partout? » Devant tant de malheur, Amma
a très tôt compris que sa vie était une offrande au service du progrès de l'humanité.

Amma a dit que jusqu'à l'âge de 20 ans, elle n'avait jamais
vu de *sannyasin* dans les environs. Le seul temple de la région se
trouvait à 7 kilomètres, dans une ville appelée Oachira. Une fois
par an, son père emmenait les huit enfants à la fête annuelle de
ce temple. Ce pèlerinage annuel les comblait de joie.

A 19 ans, elle n'avait encore jamais parcouru plus de 13 kilomètres, la distance qui la séparait de chez sa grand-mère. A l'âge
de 22 ans, elle est allée à Kollam à 35 kilomètres mais pas plus
loin. Et maintenant, Amma, qui n'a guère voyagé dans sa jeunesse,
passe la plus grande partie de l'année à sillonner le monde pour
apporter partout la joie et le réconfort.

Chapitre 2

Au-delà de la religion

*Nous avons appris à voler dans le ciel comme
des oiseaux et à nager dans la mer comme des
poissons mais nous n'avons pas appris l'art de
vivre ensemble comme frères et sœurs.*

Martin Luther King

Les gens demandent parfois comment Amma a commencé à donner le darshan. Cela s'est produit spontanément, quand les pauvres du village ont commencé à venir la voir en pleurant, désespérés par leurs problèmes. Amma s'identifiait profondément à eux. Elle partageait totalement leur souffrance et essayait de les consoler et de les réconforter. Elle a commencé à mettre leur tête sur ses genoux, à les caresser et à les prendre dans ses bras comme une mère consolerait son propre enfant.

D'autres villageois avaient eux aussi des problèmes et quand ils ont vu Amma donner tant d'affection, ils se sont plaints: « Si elle a pris Untel dans les bras, elle peut bien faire la même chose pour moi ! » De fil en aiguille, Amma s'est mise à consoler les gens et c'est ainsi que s'est instaurée la tradition du darshan. Amma est devenue une rivière d'amour qui coule sans arrêt, prête à embrasser tous ceux qui viennent à elle le cœur lourd de chagrin.

Dans le village d'Amma, les gens vivaient dans des huttes recouvertes de feuilles de cocotier tressées. Quand les feuilles se désagrégeaient, les toits fuyaient, il fallait donc refaire la couverture chaque année avant la mousson. Mais tout le monde n'avait pas les moyens de payer mille roupies chaque année pour refaire le toit. Quand il pleuvait la nuit, si les villageois n'avaient pas assez de récipients pour recueillir l'eau de pluie, ils devaient veiller pour abriter avec des parapluies les enfants qui dormaient.

Plus tard, Amma a souvent dû emmener son frère cadet, de santé fragile, à l'hôpital voisin. A l'hôpital, elle voyait des gens qui souffraient, trop pauvres pour acheter des analgésiques. L'hôpital était très mal équipé. Quelquefois il n'y avait pas d'électricité pour stériliser les instruments correctement et certains d'entre eux, les aiguilles entre autres, servaient plusieurs fois.

A l'hôpital, les patients devaient apporter un petit bout de papier pour que le docteur puisse y écrire leur nom, leur adresse et l'ordonnance à remettre au pharmacien. Mais certains étaient si pauvres qu'ils n'avaient même pas de quoi acheter le papier pour l'ordonnance du docteur et ils ne pouvaient donc pas aller chercher les médicaments.

Amma a aussi vu des familles qui n'avaient pas les moyens d'acheter à leurs enfants les feuilles de papier nécessaires pour passer leur examen à l'école. Faute de quelques roupies, ces enfants devaient abandonner leurs études.

C'est la raison pour laquelle Amma déchirait des pages du cahier d'école de sa sœur pour que les pauvres puissent avoir leurs médicaments ou passer leurs examens. Quand ses sœurs se rendaient compte de ce qu'elle avait fait, il leur arrivait souvent de la battre. Mais cela ne l'empêchait pas de recommencer.

Amma a vu beaucoup de souffrances dans son enfance. C'est pourquoi, quand l'Ashram d'Amritapuri a été enregistré en 1983 en tant qu'institution caritative, Amma a aussitôt déclaré : « Ne me mettez pas en cage comme un perroquet. Ne faites pas de cette association une entreprise commerciale. Elle doit être au service des gens, de l'humanité souffrante. » Dès le début, pendant toutes ces années et jusqu'à aujourd'hui, Amma et tous les gens qui travaillent à son service ont rigoureusement maintenu cet idéal, sans aucun compromis.

L'œuvre d'Amma suscite énormément d'enthousiasme. Même les plus pauvres d'entre les pauvres essaient de lui glisser une pièce d'une roupie dans la main en venant pour le darshan, car ils savent bien qu'elle s'en servira pour aider les autres. C'est à peu près tout ce qu'ils peuvent offrir, mais ils veulent apporter leur contribution. Elle dit qu'ils font des dons d'oiseaux, mais que peu à peu les ruisseaux finissent par former les rivières.

Les grands Maîtres aiment prendre des exemples tirés de la vie quotidienne et les analyser pour nous faire saisir la Vérité suprême qui nous est incompréhensible, bien qu'elle soit, par essence, extrêmement simple. Imaginons un énorme morceau de sucre candi qu'on émiette pour nous en donner des petits bouts à croquer. Certains prétendent en savoir long sur le sucre candi et pouvoir en expliquer la nature. Même s'ils ont déjà léché du sucre, en fait, ils n'ont jamais goûté au cœur de sa saveur. Ils ne savent pas en décortiquer les principes ni en extraire la véritable substance pour nous permettre de l'assimiler.

On brise des noix de coco devant les temples hindous pour symboliser l'éclatement de l'ego ; cela fait partie de la tradition et signifie : « Mon Dieu, j'essaie de briser mon ego devant Toi ! » Comme le jus sucré s'écoule de la noix brisée, la joie émerge quand on abandonne son ego.

Amma dit que tous les symboles de l'hindouisme sont dotés d'une signification profonde. Ils nous aident à développer concentration et discipline. Par exemple la cendre (*vibhuti*) que l'on applique sur le front a des vertus curatives. Elle illustre le fait que tout finit en cendres et que rien n'est permanent. Les pores de la peau du front correspondent à des terminaisons nerveuses spécifiques qui vont absorber les cendres. De la même manière, quand on allume le camphre pendant l'*arati*, c'est pour signifier que l'on renonce à son ego. Tout comme le camphre brûle sans laisser de traces, notre individualité disparaît quand nous faisons inconditionnellement don de nous-mêmes.

Une question revient souvent : « Quelle relation Amma entre-tient-elle avec l'hindouisme ? » Amma dit qu'ayant été élevée dans la culture hindoue et en ayant totalement compris la signification profonde, elle trouve que cela est bon pour tous ceux qui s'y inté-ressent. Amma ne force jamais quiconque à vénérer les dieux ni les déesses. Elle conseille de voir Dieu en chacun et en tous les aspects de la création. Elle ne cesse de répéter que la création et le Créateur ne font qu'un.

Un jour que nous étions en transit à Londres, nous avons dû prendre un taxi pour changer de terminal. En voyant nos vête-ments indiens, le chauffeur de taxi qui était d'origine africaine nous a demandé quelle était notre religion. J'ai ri parce qu'il est toujours difficile de répondre à cette question. En ce qui concerne quelqu'un comme Amma qui a complètement transcendé les limites de toutes les religions et qui essaie de nous apprendre à en faire autant, il est faux de dire simplement que nous sommes hindoues. Néanmoins, ce n'est pas simple à expliquer clairement ni à faire comprendre.

Pour tenter d'éviter qu'il nous enferme dans une catégorie et nous colle l'étiquette d'une seule religion, j'ai répondu que notre religion, c'était l'amour et le service de l'humanité. J'ai bien vu à son air que ma réponse ne le satisfaisait pas vraiment. J'ai senti qu'il voulait une étiquette connue. Alors j'ai fini par céder et répondre : « hindoue ».

Satisfait de la réponse, il a ensuite demandé comment nous envisagions le processus de la mort et le lieu où l'on va après. Amma a répondu sous forme de question. « Qu'est-ce qui se passe quand il pleut ? Où va l'eau ? »

Après un temps de réflexion, le chauffeur de taxi a répondu : « Hé bien, c'est tout simple, elle fait le tour – et puis elle revient. » Hé oui ! Il avait compris, il avait répondu à sa propre question et nous avons tous éclaté de rire.

La discussion en était là quand nous sommes arrivés à destination. Nous étions descendus du taxi et allions pénétrer dans le bâtiment. Sa curiosité spirituelle avait été piquée au vif et il a lancé une dernière question : « Où est Dieu ? » Amma a répondu qu'il venait de le réduire à la religion.

Les journaux parlent tous les jours de violences et de tueries. On tue et on torture au nom de la religion. Amma fait remarquer que beaucoup de gens sont prêts à mourir pour leur religion mais elle se demande combien sont prêts à vivre pour elle, dans la pureté essentielle de ses fondements. Presque personne apparemment.

Nous avons tendance à ne voir que l'aspect extérieur de la religion. Nous n'en voyons pas le cœur, l'essence c'est-à-dire la spiritualité. Mais une fois que l'on a assimilé son essence et qu'on la met en pratique, les choses changent. C'est le manque d'expérience spirituelle qui a engendré toutes les divisions que nous voyons dans la société.

Amma dit que les paroles : « Je suis hindou », « Je suis chrétien », « Je suis musulman », contiennent encore le petit « je », autrement dit l'ego. Nous devons nous efforcer de transcender cette attitude. Si nous cherchons à découvrir le vrai « je », cela nous conduira à la Vérité. C'est pour connaître ce « je », c'est pour connaître le Soi que nous faisons des pratiques spirituelles.

Amma fait remarquer qu'il est inutile d'étudier le *Védanta* si on se contente d'y réfléchir. Il faut vivre le *Védanta* et l'appliquer dans la vie quotidienne. Alors, par exemple, on ne fait pas de différence entre soi et autrui. Notre seul but est d'épauler les autres et de les aider à s'épanouir pour le bonheur de tous en ce monde. C'est le principe fondamental du mantra « Lokah

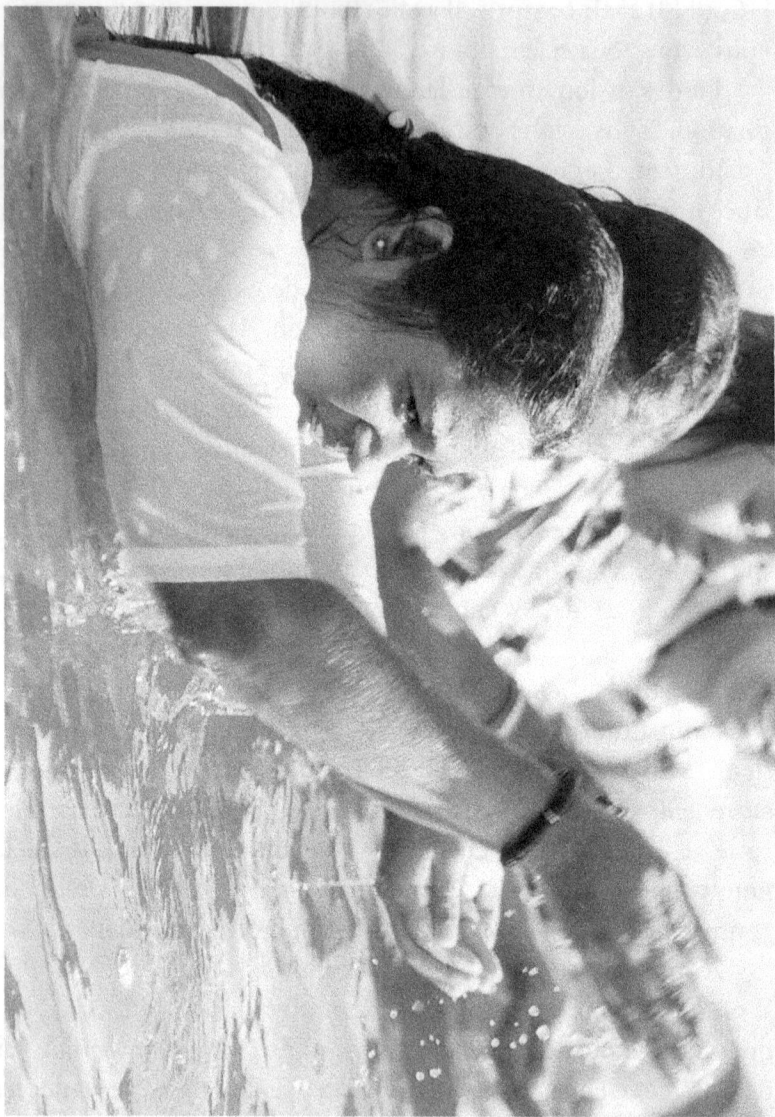

Samastah Sukhino Bhavantu » (Puissent tous les êtres de tous les mondes être heureux).

La religion et la spiritualité nous permettent d'ouvrir notre cœur et d'exprimer de l'amour et de la compassion envers les autres. Mais à cause de nos erreurs de compréhension et de notre égoïsme, nous les utilisons mal et finissons par créer des problèmes. Le but de la vie, c'est d'être heureux et d'accéder à la véritable paix de l'esprit tout en restant centré sur le moment présent. Mais malgré toute la liberté que les gens s'imaginent posséder, peut-on vraiment dire qu'ils ont trouvé la paix de l'esprit ? La plupart souffrent terriblement.

Amma nous rappelle souvent que c'est uniquement à l'intérieur de nous-mêmes que nous trouverons une liberté authentique et durable. Une fois que nous l'aurons trouvée, elle ne nous quittera plus jamais. Mais la spiritualité est la seule voie pour y accéder.

Il est impossible d'expliquer l'amour avec des mots, nous dit Amma, tout simplement parce que l'amour est au-delà des mots : il est de l'ordre de l'expérience pure, comme le bruit du tonnerre et de la pluie qu'il est impossible de décrire et qu'on ne peut pas connaître à moins de l'avoir entendu. Quand on commence à donner de l'amour, il s'éveille en nous et le « deux » disparaît dans l'unité de l' « un ».

Malheureusement, la plupart des gens restent divisés. Dans le monde actuel, il y a énormément de troubles et de conflits. Les gens accusent souvent la religion d'en être la cause. Mais selon Amma, ces accusations ne sont pas fondées. C'est de la mauvaise interprétation de la religion que naissent les problèmes, pas de la spiritualité, qui est la nature fondamentale de toutes les religions.

Un jour, à la fin d'une conférence de presse, un journaliste très impressionné par Amma a déclaré qu'elle avait donné des réponses d'une simplicité absolue et d'une profondeur extrême. Amma a répondu qu'elle avait grandi dans un village et n'avait pas fait d'études mais qu'elle avait appris à se connaître elle-même. Elle a pu ainsi comprendre tout l'univers parce que nous ne sommes pas des entités séparées, nous sommes tous reliés comme les maillons d'une chaîne.

Si on laisse tomber une pierre dans un étang, cela crée des ondes qui vont se propager jusqu'aux bords de l'étang. Une fois qu'elles ont atteint le bord, elles reviennent vers le centre. Il se passe la même chose quand nous étudions : nous apprenons beaucoup de choses, mais à la fin, nous revenons à notre point de départ pour nous rendre compte que nous ne savons rien.

Amma donne l'exemple du cadenas. Il suffit d'une petite clé pour l'ouvrir. Mais si on essaie d'y introduire d'autres objets on ne réussit qu'à le casser. Ainsi, la Vérité suprême est très simple mais nous compliquons les choses.

Il y a beaucoup de religions mais Dieu est unique. Pour la Conscience pure il n'existe ni castes ni croyances. Les chemins qui mènent à la vérité sont innombrables mais il n'y a qu'un seul et même but.

Amma n'essaie jamais de forcer quelqu'un à faire quelque chose contre son gré. Avec compassion, elle donne à chacun des conseils en fonction de sa tournure d'esprit et de sa propre culture. Amma initie ceux qui vénèrent le Christ au mantra de Jésus-Christ, elle donne le mantra d'Allah aux musulmans et un mantra approprié à ceux qui adorent le Sans-forme.

En octobre 2005, lorsqu'un tremblement de terre a dévasté le Cachemire, Amma y a envoyé des émissaires pour voir comment on pouvait aider les victimes. Avant leur départ, Amma leur a recommandé de ne pas parler d'Amma, comme ont tendance à le faire la plupart de ses dévots, mais plutôt d'essayer de réconforter les gens en leur donnant des conseils spirituels en accord avec leur religion. Après avoir distribué des vivres et des vêtements à ceux qui en avaient besoin, les bénévoles se sont assis au milieu des autochtones qui avaient perdu leur maison et ils ont chanté tous ensemble. Les chants avaient été soigneusement choisis pour ne pas heurter la sensibilité des musulmans.

Amma a dit qu'après une catastrophe, il faut se mettre à la place des gens qui souffrent sans jamais essayer de les faire changer de religion. Il s'agit de les aider à enraciner plus fermement leur foi dans leur propre religion et de respecter leur façon de voir Dieu.

Amma n'a jamais demandé à quiconque de croire en elle ni de l'adorer. Tout ce qu'elle nous demande, c'est de devenir meilleurs et de nous connaître véritablement. La vérité, c'est que nous ignorons qui nous sommes. Nous restons étrangers à notre être réel. Un maître parfait comme Amma connaît notre identité véritable.

Chapitre 3

Un maître parfait

Un seul geste, un seul regard d'un mahatma sont plus
profitables que dix années d'austérités. Mais pour obtenir
ce bienfait, il faut se débarrasser de l'ego et avoir la foi.

Amma

La grand-mère paternelle d'Amma était très pieuse. Elle passait le plus clair de son temps à fabriquer des guirlandes pour le *kalari* (petit temple). Quand elle venait au *darshan* d'Amma, pour la taquiner, Amma mettait des fleurs dans les grands trous de ses oreilles percées. Au fil des années la grand-mère d'Amma redevenait un petit enfant devant sa divine petite-fille.

A plus de quatre-vingt-dix ans, elle continuait de se lever tôt le matin et se promenait dans l'ashram d'Amritapuri afin de cueillir des fleurs pour le *kalari*. Comme elle avait le dos très voûté par l'arthrite, elle avançait tout doucement, mais elle se débrouillait toute seule pour aller et venir dans l'ashram. Deux jours avant de mourir, elle se faisait encore chauffer de l'eau pour sa toilette. Ce n'est qu'à la toute fin de sa vie, le dernier jour, qu'elle est devenue trop faible pour rester autonome et qu'elle a été admise à l'hôpital de l'ashram.

A l'hôpital, alors qu'elle était inconsciente, elle tortillait son sari comme si elle voulait tresser une guirlande. Ce geste qu'elle avait répété tous les matins pendant de nombreuses années s'était profondément inscrit dans son mental et elle l'effectuait automatiquement alors même qu'elle était inconsciente. Espérons que nous aurons pu acquérir quelques bonnes habitudes avant que la vieillesse n'arrive.

L'avenir est entre nos mains. Comme l'a dit Bouddha : « Vous êtes ce que vous avez été. Mais vous serez ce que vous faites maintenant. Si vous voulez connaître vos vies passées, regardez votre état présent. Si vous voulez connaître votre avenir, regardez vos actions présentes. »

Si nous arrivons à cultiver de bonnes pensées, petit à petit, les mauvaises disparaîtront. Il en va de même quand on verse de l'eau douce dans un récipient qui contient de l'eau salée : le degré de salinité diminue.

Quand il neige en montagne, nous avons l'impression que les beaux flocons ne représentent aucun danger. Mais à la fonte des neiges, ils dévalent les pentes comme une rivière en crue. Sur leur passage, ils charrient parfois de gros blocs qui pourraient même nous emporter. Ainsi, une pensée qui nous semble insignifiante et sans conséquences, si elle se renforce et se traduit par un acte, risque de provoquer des dégâts irréparables, des catastrophes. Nous devons avoir conscience des pensées négatives et essayer de les arrêter tout de suite, avant qu'elles ne se développent et ne deviennent nuisibles.

Tant que nous demeurons identifiés au corps et au mental, nous avons besoin d'une certaine discipline. Celle-ci peut nous aider à devenir plus conscients de notre mental. Mais il est très difficile de transcender les *vasanas* (les tendances négatives) seul. C'est pour cette raison qu'il nous faut l'aide d'un maître parfait.

Amma dit que nous n'avons pas à nous inquiéter de ce que nous avons fait dans le passé. Le maître efface nos erreurs comme la gomme les traits du crayon. Mais faisons attention à ne pas répéter sans cesse les mêmes erreurs. Car, si nous effaçons plusieurs fois de suite au même endroit, le papier finira par se déchirer.

Une fois que nous avons rencontré un maître parfait, et que nous avons réussi à nous abandonner véritablement, nous n'avons plus à nous inquiéter de rien. Amma sait qu'il est difficile de s'abandonner totalement. Elle dit qu'en fait, l'abandon total c'est la réalisation de Dieu. Même s'il nous est difficile de nous abandonner totalement, faisons au moins de notre mieux. Tout dépend du degré d'évolution spirituelle de chacun. Dieu a tout créé, tout, sauf notre ego qui lui est notre création. Pour nous en libérer, nous avons besoin de quelqu'un d'étranger à ce que nous avons créé. Nous avons besoin d'un maître parfait. Le *guru* est le seul à pouvoir nous délivrer de l'aveuglement de l'ignorance.

On dit que l'ego est situé dans la tête, c'est pour cette raison que dans le *Sanatana Dharma*, on se prosterne devant le *guru*. Se prosterner signifie : « J'abandonne mon ego à Tes pieds, puisse Ta grâce divine, à travers eux, emporter mon ego, si lourd à porter. » C'est l'état d'esprit adéquat lorsqu'on se prosterne devant le *guru*. Le seul moyen de se débarrasser des pensées et de sortir de la confusion du mental, c'est de cultiver cet état d'esprit d'abandon véritable.

C'est uniquement pour notre bien que nous allons voir un maître spirituel. Le maître n'y a aucun intérêt – c'est nous qui avons tout à y gagner.

Il arrive souvent que les gens ne comprennent pas la nécessité de l'abandon au Maître parfait. Ils demandent : « Pourquoi est-ce nécessaire ? Est-ce que cela ne nous prive pas de notre liberté ? »

Quand ils entendent parler d'« abandon », ils ont peut-être l'impression que s'abandonner signifie se mettre à genoux et offrir tout ce que l'on possède : vider son compte en banque. Mais Amma dit que cela n'a rien à voir. S'abandonner véritablement consiste à vider son compte en banque intérieur. S'abandonner véritablement, c'est abandonner son cœur. En se prosternant, on s'élève.

Il était une fois, dans le nord de l'Inde, un grand saint soufi qui avait la réputation d'exaucer les vœux des gens. Ayant entendu parler de lui, un villageois vieux et pauvre qui n'avait pas les moyens de marier sa fille a décidé d'aller le voir.

A peine arrivé chez le saint, il lui a demandé de l'aider à marier sa fille. Le saint a pris cette demande très à cœur et a répondu: « Je n'ai rien à t'offrir maintenant, mais donne-moi quinze jours et je pourrai faire quelque chose pour toi. » Le vieil homme s'en est allé tout heureux.

L'homme est revenu quinze jours plus tard pour rappeler au saint sa promesse. Cette fois-ci le saint a dit : « Oh, te voilà ! J'ai complètement oublié ton histoire. Je t'en prie, laisse-moi encore deux semaines, je suis sûr que d'ici là, j'aurai trouvé le moyen de t'aider. » Une fois encore, le vieil homme est rentré chez lui les mains vides.

Quinze jours plus tard, il est retourné voir le saint. Il a attendu patiemment son tour et quand il s'est approché du saint, celui-ci lui a dit : « Oh, c'est encore toi. J'ai une fois de plus complètement oublié ton histoire. Je suis vraiment désolé. Je n'ai vraiment rien du tout à t'offrir. Tout ce que je possède, c'est cette paire de sandales en bois. » Il a ôté ses sandales en bois et les a données à l'homme. Le vieil homme avait le cœur brisé, mais il a pris les sandales sans rien dire.

Tout en partant, il pensait tristement: « Mon Dieu, tout ce que je voulais, c'était un peu d'aide pour marier ma fille et voilà ce que ce saint m'a donné : une paire de vieilles sandales en bois ! Mais c'est ma faute, je n'aurais pas dû l'ennuyer avec mes désirs, il n'a rien à lui, alors qu'aurait-il pu me donner ? Est-ce mon destin de souffrir de la pauvreté ? »

Pleurant silencieusement et serrant les sandales en bois contre son cœur, l'homme a pris le chemin du retour.

A ce moment-là, un homme très riche, qui était en fait l'un des disciples les plus fervents du saint, venait de quitter la ville. Il déménageait ses biens et sa fortune pour s'installer aux pieds de ce grand saint. Il voyageait à dos d'éléphant, suivi d'une caravane de chameaux chargés de toutes les richesses qu'il avait héritées de ses ancêtres.

Il arrivait à proximité de la ville quand il a soudain senti les effluves du parfum de son *guru*. Il sentait sa divine présence tout près de là ; il a donc arrêté son éléphant et s'est mis à humer l'air en demandant aux gens qui l'accompagnaient: « Sentez-vous ce parfum ? D'où vient-il ? » Ses amis ont répondu qu'ils ne sentaient rien de spécial, mais l'homme a insisté : « Si, si, j'ai l'impression que mon maître n'est pas loin. Je perçois son essence divine. »

En regardant autour de lui, il n'a vu qu'un vieil homme qui marchait lentement dans sa direction…. Il l'a fait appeler. Au fur et à mesure que l'homme s'approchait, le parfum devenait de plus en plus prononcé. Il a demandé au vieil homme : « D'où viens-tu ? Où vas-tu ? Qu'est-ce que tu portes ? »

Le vieil homme a raconté son histoire et a dit : « J'ai dérangé ce pauvre saint qui n'avait rien d'autre que ses sandales de bois. » Le disciple était tout en émoi : « Tu portes les sandales de mon *guru* ? Il me les faut, qu'est-ce que tu veux en échange ? »

Le vieil homme stupéfait a dit : « Je voudrais seulement un peu d'argent pour marier ma fille. » Le disciple a répondu immédiatement : « Prends ces chameaux, prends toute ma fortune, et donne-moi immédiatement les sandales de mon *guru*. C'est là la véritable richesse, c'est cela que je veux ! »

Le vieil homme a répondu : « Mais tout ce que je veux, c'est de quoi marier ma fille. »

Mais le disciple a insisté : « Non, il faut que tu prennes tout ! Je refuse d'avoir les sandales de mon maître à moins ! »

Le vieil homme a tendu les sandales et le disciple les a placées sur le dessus de sa tête en dansant d'extase. Il a couru pieds nus jusqu'à la demeure de son Maître. Le saint était assis comme s'il l'attendait. Le disciple s'est prosterné aux pieds de son *guru* et, doucement, il a glissé les sandales sous ses pieds. Le vieux saint lui a demandé en souriant : « Combien les as-tu payées ? »

Les larmes aux yeux, il a dit : « Maître, j'ai donné tout ce que je possédais, toute ma fortune en échange. »

Le *guru* a répondu : « Même à ce prix là, c'était très bon marché ! »

Nous ne songeons qu'à ce que nous pouvons obtenir, mais les maîtres parfaits comme Amma ne rêvent qu'à ce qu'ils peuvent donner au monde. Le souhait d'Amma, c'est de combler le monde d'amour jusqu'à son dernier soupir.

Amma explique que s'abandonner, c'est comprendre réellement la nature du monde et de ses objets et vivre en conséquence. Le mot « s'abandonner » fait parfois peur. Dans ce cas, Amma suggère de le remplacer par « acceptation ».

Un jour, un petit groupe de gens qui se promenaient avec Amma a vu au bord du chemin une mue de serpent abandonnée ; elle ressemblait à un ruban. Un garçon a demandé à Amma : « Pourquoi est-ce que les serpents doivent muer ? » Elle a donné une réponse pleine de sagesse : « Si les serpents ne muent pas, ils ne peuvent pas grandir. Ils étouffent dans leur vieille peau. Mon fils, toi aussi tu dois quitter ta vieille peau pour grandir. »

Dans la vie spirituelle, on ne peut pas revenir en arrière. Les progrès accomplis sont acquis pour toujours. Même si l'on cesse les pratiques et qu'on les reprend longtemps après, le total des mérites acquis ne diminue pas entre-temps. C'est comme un compte à la caisse d'épargne : quand on verse de l'argent, le capital augmente, par contre, il ne diminue jamais, il n'est jamais dilapidé. Nos efforts ne sont jamais vains et nous pouvons toujours recommencer là où nous nous sommes arrêtés. Il s'agit d'avoir la patience de faire des efforts toujours plus soutenus pour nous rapprocher de la Vérité.

Les maîtres parfaits nous apprennent à accepter tout ce qui nous arrive. Ils nous aident à accueillir avec reconnaissance le bon comme le mauvais, le juste comme l'injuste, l'ami comme l'ennemi, ceux qui nous font du mal comme ceux qui nous aident, ceux qui nous mettent en cage comme ceux qui nous libèrent. Les maîtres nous aident à ne plus penser aux heures sombres du passé ni à un avenir brillant rempli de promesses, pour vivre le moment présent dans toute sa plénitude. Ils nous font comprendre que la création tout entière – même notre ennemi, chaque objet et chaque personne – est là pour nous aider à évoluer et à atteindre la perfection.

Tous les grands hommes ont enduré d'immenses difficultés au cours de leur existence. Galilée fut l'un des astronomes les plus renommés de son temps. A la fin de sa vie, il était devenu aveugle mais même à cette époque, la plus sombre de sa vie, il disait encore : « S'il plaît ainsi à Dieu, il me plaît donc aussi à moi. » Il avait une telle attitude d'abandon qu'il a poursuivi ses expériences scientifiques après avoir perdu la vue.

Albert Einstein a eu des difficultés d'apprentissage et il n'a parlé qu'à l'âge de trois ans. A l'école, il a eu beaucoup de mal à étudier les mathématiques, mais il a surmonté cet obstacle au point de devenir l'un des plus grands physiciens que le monde ait connu.

Georges Washington enfant a eu du mal à écrire, des difficultés à comprendre la grammaire. Il a triomphé de ces handicaps manifestes pour devenir l'une des plus grandes personnalités de l'histoire.

A l'époque contemporaine, le savant Stephen Hawking a réussi à produire des ouvrages scientifiques qui comptent parmi

les plus populaires au monde, et cela en dépit de ses incroyables handicaps physiques. Une maladie dégénérative le clouait sur un fauteuil roulant et l'empêchait de parler et d'écrire. Malgré l'état de son corps, il sondait les mystères de l'univers et ses écrits scientifiques sont très célèbres.

Chacun d'entre nous rencontre des difficultés sur le chemin spirituel. Quelqu'un a demandé à Amma: « Comment faire pour renforcer notre foi quand les choses vont mal ? » Amma a répondu: « Si vous avez vraiment la foi, alors vous ne la perdrez pas. La foi en Dieu ne profite qu'à nous. Dieu, Lui, n'a rien à perdre. Quand les choses vont mal, accrochons-nous très fort aux pieds de Dieu, aimons-Le sans rien attendre. Ce n'est qu'en nous abandonnant que nous pourrons faire l'expérience de Dieu. Essayons de nous intérioriser pour comprendre les pensées de notre mental et voir où elles nous mènent. »

Si nous vivons selon les principes spirituels, nous arriverons à affronter de façon positive n'importe quelle situation.

Un enfant mal entendant de quatre ans est un jour revenu de l'école avec un mot de l'instituteur dans la poche : « Votre Tommy est trop bête pour étudier, retirez-le de l'école. » Sa mère a lu le billet impitoyable et a répondu à l'instituteur : « Il n'est pas trop bête pour étudier. Je lui ferai l'école moi-même. » Elle l'a aussitôt retiré de l'école et lui a fait la classe. Ce jeune garçon, que l'on pensait déficient intellectuellement, n'a fréquenté l'école que trois mois dans sa vie. Il s'appelait Thomas Alva Edison.

Quand le *guru* dit quelque chose, comprenons qu'au bout du compte c'est pour notre bien. Cela peut parfois nous paraître illogique ou inutile, insignifiant ou dépourvu de sens. Si Amma nous donne des conseils spirituels ou certains avertissements, rappelons-nous que si nous n'en comprenons pas la portée aujourd'hui, nous la comprendrons peut-être demain.

Un jour, Amma nous a parlé d'un homme qui, elle le sentait, avait un problème cardiaque. Elle lui a suggéré d'aller consulter un docteur, mais il a refusé parce qu'il se sentait bien. Six mois plus tard, il mourait d'un infarctus.

Une autre fois, Amma a conseillé à quelqu'un de se faire examiner le cœur. Il a répondu que cela avait déjà été fait au Royaume Uni et que les docteurs n'avaient rien trouvé. Mais Amma a insisté pour qu'il subisse de nouveaux examens. Il a obéi et cette fois on lui a trouvé des artères obstruées en trois endroits. Quand Amma dit quelque chose, ce n'est jamais sans raison.

Ce que dit un mahatma se réalise toujours. Il m'est souvent arrivé d'en faire l'expérience.

Au début, Amma surveillait la cuisine de près, parce qu'elle savait bien que c'était notre endroit préféré. Elle avait prédit que je devrais aller travailler à la cuisine pendant une journée. Eh bien, ce jour est bel et bien arrivé.

Tous les résidents de l'ashram voulaient aller à Kodungallur, où se trouve le premier temple *Brahmasthanam* consacré par Amma. La fille qui faisait la cuisine voulait elle aussi assister à ce programme. Je me suis donc portée volontaire pour la remplacer pour la journée. C'était la première fois que je faisais de la cuisine indienne toute seule, mais il me semblait que ce serait très facile. Au menu, il y avait du riz, des épinards et du *pulisheri*.

J'ai commencé avec enthousiasme, mais je me suis aperçue avec surprise qu'une seule portion d'épinards représentait déjà une grosse quantité de légumes à préparer et à cuire car leur volume réduit beaucoup à la cuisson. Il m'a fallu beaucoup plus de temps que prévu pour éplucher les épinards. Faire le *pulisheri* n'a pas été trop difficile, mais je n'ai pas réussi à cuire assez de riz pour tout le monde. Ce jour là, il a fallu que je fasse quatre tournées de riz pour nourrir les ouvriers affamés ainsi que les résidents.

A la fin de la troisième tournée, au moment d'égoutter le riz, un des *brahmacharis* a voulu m'aider à égoutter le riz de la grosse marmite à vapeur. Il a commencé à verser le contenu de la marmite et tout à coup il a tout lâché parce que ça devenait trop chaud. Il a crié de douleur lorsque son bras a heurté le métal brûlant et il a renversé toute la marmite de riz par terre, dans le caniveau. Sans aucune pitié, je l'ai chassé de la cuisine en lui disant que ce n'était pas la peine de revenir essayer de m'aider. En râlant, j'ai entrepris de faire cuire une autre tournée de riz après avoir récupéré ce que je pouvais.

J'en suis sortie vivante et le repas du soir m'a semblé beaucoup plus facile. Une dévote avait fait don à l'ashram de plats qu'elle avait préparés chez elle. Mais plusieurs personnes étaient arrivées à l'improviste et, une fois de plus, il m'a bien fallu admettre qu'il n'y aurait pas assez à manger pour tout le monde.

Une autre Occidentale m'aidait à servir le repas et elle a bien vu qu'il n'y aurait pas assez de nourriture pour tous. Elle voulait absolument que nous nous servions les premières. Je lui ai dit que nous ne pouvions pas faire cela parce que les cuisiniers devaient passer en dernier et ne se servir que s'il restait assez de nourriture.

La quantité s'est avérée insuffisante et cette fille était très mécontente que j'aie insisté pour que nous soyons les dernières servies. Pour finir, nous n'avons pas eu à manger. Elle m'a ensuite écrit une lettre pour me remercier de lui avoir donné ce jour là une leçon qu'elle n'avait appréciée que plus tard. Inutile de dire que j'ai été ravie quand la cuisinière est revenue à son poste et je pense que tout le monde a été aussi soulagé que moi.

Hé bien, la prédiction d'Amma s'était réalisée. Elle avait dit qu'il me faudrait faire la cuisine pendant une journée et, heureusement pour tout le monde, cela n'a duré qu'une journée !

Chapitre 4

Un pont vers la liberté

C'est au moment où la chenille pensait que la fin du monde était arrivée qu'elle s'est transformée en papillon.

Edward Teller

On dit que le maître spirituel vient à nous quand le moment est venu. Inutile de chercher un maître. Quand nous sommes prêts, le maître spirituel apparaît. Pour chacun, la première rencontre avec Amma est spéciale et unique.

Il y a beaucoup d'histoires intéressantes à ce sujet. J'ai entendu parler d'un Australien à Sydney qui passait devant la salle où se tenait un programme d'Amma. En voyant toutes ces chaussures alignées, il a cru qu'il y avait une vente de chaussures, alors il est entré pour essayer d'en acheter une paire. Quand il a compris qu'il ne s'agissait pas d'une vente de chaussures, il a été un peu déçu, mais il a pris un dépliant sur Amma, il l'a mis dans sa poche, puis il est parti.

Un peu plus tard dans la journée, s'apprêtant à faire la lessive, sa femme a vidé les poches des vêtements avant de les mettre dans la machine à laver. Elle a trouvé le dépliant à propos d'Amma et elle l'a lu. Très intéressée, elle a décidé d'aller voir Amma. Elle s'est rendue au programme et elle est devenue une fidèle d'Amma.

Quelqu'un d'autre a emmené un ami voir Amma. Tous deux étaient disciples de Neem Karoli Baba, déjà mort depuis plusieurs années. Après être passés au *darshan*, l'homme a demandé à son ami : « Qu'est-ce que tu penses d'Amma ? »

L'ami a répondu: « Hé bien, elle n'est pas mal, mais elle n'est pas comme notre vieux maître. »

Ils se sont assis dans la foule, pas très loin d'Amma. A ce moment-là, Amma a pris une banane et la leur a lancée, exactement comme leur vieux maître en avait l'habitude. L'ami a très vite changé d'avis.

Une dame m'a récemment envoyé un courriel pour me parler d'amis âgés qu'elle avait persuadés de venir voir Amma avec elle. Malgré leur réticence initiale, ils lui avaient été ensuite extrêmement reconnaissants. Autour d'une tasse de thé, ils lui avaient raconté ce qu'ils avaient retenu de leur visite chez Amma. L'homme, âgé de 89 ans, a dit qu'il avait trouvé en Amma ce qu'il avait cherché toute sa vie... le véritable amour. Et sa femme de 70 ans a admis qu'elle avait enfin ressenti la paix et la plénitude. Elle s'est mise à pratiquer régulièrement la technique de méditation d'Amma et a déclaré avec fierté qu'elle avait médité tous les jours sans exception depuis qu'elle l'avait apprise.

A New York, une femme m'a raconté qu'elle avait entendu parler d'Amma grâce à un SDF qui l'avait convaincue avec beaucoup d'enthousiasme d'aller voir Amma et de recevoir son *darshan*. Cet homme s'était fait voler son seul bien, une guitare, et il en avait été très contrarié. Il était allé voir Amma, lui avait confié sa peine et, étrangement, il avait retrouvé sa guitare. Il ne tarissait pas d'éloges sur Amma, racontant aux gens à quel point elle était merveilleuse. Cette femme nous avait raconté l'histoire en soulignant le fait que le SDF lui avait recommandé d'aller voir Amma à tout prix.

Où que se rende Amma, elle tend la main aux gens pour leur ouvrir le cœur. Elle ne force jamais personne à venir à elle mais les gens éprouvent pour elle une attirance spontanée. Au bout d'un moment, ils sentent la chaleur de l'amour monter en eux.

Lors d'un programme qui avait lieu à New York, tous les gros durs de la sécurité qui surveillaient le hall du programme ont paru s'adoucir au fil des programmes. Le dernier jour, l'un d'entre eux, assis sur une chaise en train de regarder Amma a dit :

« Allez donc dire à votre boss qu'elle devrait rester au moins une semaine de plus. On a vraiment besoin d'elle ici ! »

A Los Angeles, le dernier jour du programme, un membre de la sécurité de l'hôtel m'a dit, les yeux un peu embués : « Vous allez vraiment me manquer vous autres quand vous allez partir ; prends-moi dans tes bras. » Étant donné que je suis une religieuse, j'ai vite reculé tout en lui répondant qu'il allait nous manquer à nous aussi et que ce n'était pas moi mais quelqu'un d'autre qui prenait les gens dans ses bras !

Tous les ans, avant la tournée des USA, Amma a l'habitude de recevoir dans sa chambre chacun des résidents d'Amritapuri qui ont ainsi l'occasion d'avoir un entretien privé. Pour la plupart d'entre eux, c'est le moment le plus important de l'année ; ils se retrouvent seuls avec Amma et ils peuvent parler de ce qu'ils veulent, même si ce n'est que pour quelques minutes. Ils aspirent à ce moment avec Amma.

En 2006, je doutais fort qu'Amma puisse accorder ces entretiens privés aux résidents de l'ashram. Cette année-là, nous avons voyagé pendant neuf mois. Nous avons traversé l'Inde du sud au nord, deux mois sur des routes défoncées avec une caravane de 7 bus et autres véhicules. Ensuite, quand nous avons quitté le nord ce fut pour nous rendre en Australie, à Singapour et en Malaisie. Nous ne sommes rentrés à l'ashram que pour y faire une halte de trois jours avant de nous rendre à New York pour un programme de deux jours. La nuit même où nous sommes rentrés de New York, Amma a donné un grand programme public. Il y a peut-être des gens qui se plaignent de souffrir des décalages horaires, mais nous, nous n'avons même pas le temps d'y penser ! Et puis on a enchaîné avec un autre circuit dans tout le sud de l'Inde. Amma n'a passé que quelques jours à l'ashram avant de repartir pour la tournée aux USA. En fin de compte, au cours du premier semestre, nous ne sommes pas restés plus de deux semaines à l'ashram.

Le calendrier des voyages nous avait éloignés de l'ashram pendant si longtemps que je n'imaginais même pas comment Amma pourrait accorder tous les *darshans* privés pendant les quatre jours qui restaient. Comme il y a plus de trois mille résidents à l'ashram et qu'il me semblait impossible qu'elle trouve le temps de les voir tous, j'étais certaine qu'elle reporterait ces *darshans* à une date ultérieure. Quand les gens me posaient la question, je leur disais qu'il leur faudrait attendre plus tard dans l'année pour être seuls avec Amma. Comment était-il possible de voir tant de monde en si peu de jours? Mais ce que j'ignorais alors (je ne l'ai appris que plus tard) c'est qu'Amma avait déjà commencé à donner les *darshans* dans sa chambre !

A sa manière inimitable, elle avait commencé à donner les *darshans* privés tard dans la nuit, après un programme public où elle avait donné le *darshan* à des dizaines de milliers de personnes.

Pendant cette période, elle ne se couchait pas de la nuit. Amma a l'habitude des nuits blanches, mais cette fois, c'était pendant son temps de liberté. Après avoir vu tous les résidents d'Amritapuri, elle a encore trouvé le temps de donner le *darshan* aux résidents des autres ashrams, à ceux qui travaillent dans ses écoles ainsi qu'aux dévots qui travaillent à l'hôpital AIMS et dans les autres institutions.

Et, cerise sur le gâteau, j'ai eu la surprise d'apprendre qu'Amma avait tout à coup programmé un jour de *darshan* public pour le jour même de notre départ pour les USA. J'en ai été abasourdie ! Quand on invite des milliers de personnes à venir passer la journée, il est très difficile de les faire partir tout de suite. Alors j'ai pensé que là, c'en était vraiment trop, mais Amma, elle, était contente d'avoir

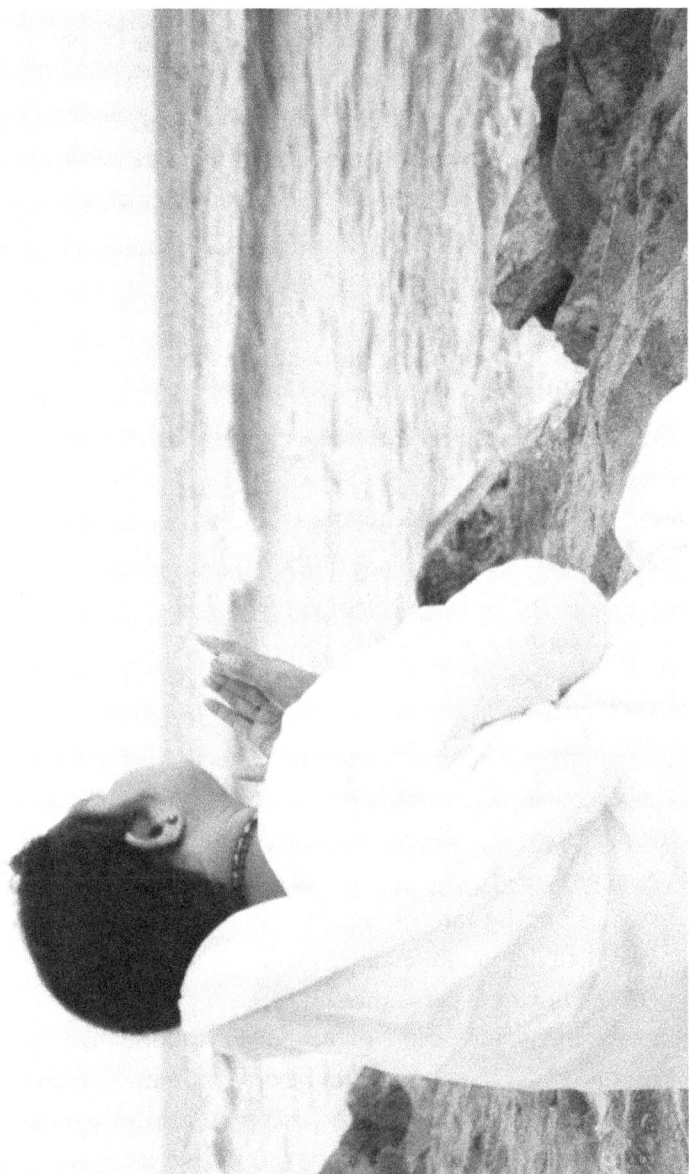

l'occasion, une fois de plus, de donner le maximum. Le jour où elle était censée se reposer avant le voyage, elle a donné le *darshan* pendant quinze heures d'affilée sans se lever. Le programme s'est terminé aux petites heures du matin et nous sommes partis pour l'aéroport dans l'après-midi même. Bien sûr, comme partout où nous passons, même à l'aéroport, Amma a donné le *darshan*.

Nous avons transité par le Sri Lanka et pendant que la plupart d'entre nous dormait enfin, Amma a passé le plus clair de son temps avec les *brahmacharis* qui construisaient des maisons dans cette île pour les victimes du tsunami. Elle a supervisé leur travail et leur a donné, comme à tous les autres précédemment, l'occasion de passer du temps avec elle. J'étais ébahie de la voir donner tant d'elle-même, à tous, sans relâche, malgré un emploi du temps surchargé.

Avant de nous rendre aux USA, nous avons passé trois jours au Japon. Plusieurs fois, Amma a dit qu'elle était fatiguée mais qu'elle ne voyait pas pourquoi. Mais moi, j'avais bien une petite idée de ce qui avait pu l'épuiser !

Après avoir discuté avec une personne qui était venue des USA en avion pour assister au programme du Japon, tout à coup, j'ai eu une idée de génie. Cette femme s'était aperçue qu'en première classe, les sièges étaient confortables et qu'on pouvait les incliner jusqu'à l'horizontale. Sachant qu'Amma n'arrive jamais à dormir correctement en avion, j'ai pensé que nous pourrions peut-être utiliser nos bonus grands voyageurs pour échanger nos billets contre des billets de première classe ; cela lui permettrait de dormir un peu. Les quelques personnes à qui j'en ai parlé ont pensé que c'était une excellente idée. Nous avons donc mis notre plan à exécution et échangé trois tickets pour des places en première classe.

J'avais préparé quelques excuses pour justifier ce changement de classe. Nous n'allions jamais pouvoir utiliser les bonus, nous serions autorisés à emporter plus de bagages et Amma pourrait vraiment se reposer pendant le vol. Quand je suis allée lui porter la bonne nouvelle et lui dire que tout était organisé, la réponse d'Amma a été nette et sans bavure. Ce fut un catégorique : « HORS DE QUESTION qu'Amma prenne cet avion en première classe ! »

Une fois le premier choc passé, je dois avouer qu'en m'éloignant, pendant quelques secondes, j'ai entendu une petite voix intérieure qui disait : « On verra bien qui aura le dernier mot ! » C'était vraiment stupide, puisque j'avais affaire à Amma.

Je suis retournée voir la personne qui s'occupe de nos réservations pour lui transmettre le message d'Amma. Comme la nuit était déjà bien avancée et que nous ne devions partir que le lendemain après-midi, nous avons décidé qu'il était trop tard pour faire quoi que ce soit à cette heure-là et qu'il faudrait attendre le lendemain à l'aéroport. A notre avis, les paroles d'Amma avaient dépassé sa pensée et nous espérions secrètement qu'il serait trop tard pour changer à nouveau les places. Il faudrait alors bien se résoudre à rester en première classe.

Le lendemain, à l'aéroport, j'espérais qu'Amma aurait oublié l'histoire de la veille. Toutes nos grosses valises étaient alignées, prêtes pour l'enregistrement. Je suis allée chercher Amma qui donnait un dernier *darshan* aux dévots et je lui ai demandé de venir au guichet afin d'achever les formalités.

Amma m'a rappelé avec insistance qu'elle ne prendrait pas l'avion si elle devait voyager en première classe. J'ai commencé à transpirer un peu en voyant la situation dans laquelle je me retrouvais. Mais les dévots de l'ashram japonais, eux, avaient l'air tout heureux. Ils étaient ravis à l'idée qu'Amma passe un peu plus de temps avec eux. Je me suis à nouveau précipitée au guichet pour expliquer à la dame que j'avais fait une grosse erreur et la supplier de nous redonner des places en seconde classe. J'avais peur de me faire assassiner par les dévots en Amérique si Amma n'arrivait pas à temps pour le premier programme !

Heureusement, nous avons pu avoir des billets de seconde classe. Je me suis dépêchée d'aller le dire à Amma et je lui ai demandé de venir au guichet pour l'enregistrement. Amma a accepté de bonne grâce.

Une demi-heure plus tard, Amma m'a expliqué qu'elle devait montrer l'exemple. Si elle voyageait dans le luxe, les autres personnes de l'ashram, qui la prennent pour exemple, voudraient en faire autant.

Un jour qu'Amma répondait aux questions que lui avaient posées des journalistes, quelqu'un lui a demandé : «Amma a maintenant beaucoup de succès. Comment s'y prend-elle ?»

Amma a donné cette réponse: « En premier lieu, il faut donner l'exemple. Si vous donnez vraiment l'exemple, alors les autres suivront, à condition que cela soit naturel. »

Une dame m'a rapporté quelques-unes des précieuses paroles qu'Amma lui avait prodiguées un jour qu'elle était triste. Elle lui a dit qu'il lui arrivait de voyager en voiture pour économiser quelques dollars car elle avait vu énormément de souffrance dans sa vie. Elle a dit qu'elle passait vingt heures par jour dans la boue avec nous à essayer de nous tirer de là. Nous ressemblons à des fleurs maculées de boue qu'elle nettoie patiemment.

Amma dit que ces fleurs sont très précieuses, mais qu'ignorant leur valeur, ou se croyant sans valeur, elles replongent dans la boue. Patiemment, Amma les en sort à nouveau sans jamais se lasser, et elle essaie de les nettoyer. Par compassion, Amma vient élever notre niveau de conscience et nous redonner de la force. Elle pourrait choisir de demeurer dans la béatitude, mais elle préfère se sacrifier par amour pour l'humanité.

Chapitre 5

L'humilité dans la simplicité

S'il vous arrive de penser que vous avez de l'influence,
essayez de faire obéir le chien de quelqu'un d'autre.

Proverbe internet

On a fêté le cinquantième anniversaire d'Amma, *Amrita-varsham*, à Cochin en 2003, pendant quatre jours. Le dernier jour, à son arrivée sur la scène pour la manifestation la plus importante, voyant le siège qu'on avait superbement décoré pour elle, Amma m'a dit : « Enlève ce tissu. » Elle ne voulait pas du petit galon doré ; c'était trop somptueux à son goût. Amma répète sans cesse qu'elle préfère qu'on utilise du tissu tout simple pour elle, d'une part parce que cela fait des économies et d'autre part parce qu'elle donne ainsi l'exemple de la simplicité. Comme des centaines de milliers de gens me regardaient, j'étais horrifiée à la pensée de devoir défaire la housse du siège et essayer de trouver un tissu sans fantaisie pour le recouvrir – le tout en quelques secondes !

Je l'ai suppliée : « Amma, s'il te plaît, il n'y a qu'un tout petit peu de doré et c'est seulement sur le côté ! »

Heureusement, Amma a eu pitié de moi en comprenant que j'aurai du mal à trouver quelque chose d'autre à la dernière minute pour recouvrir le siège, et elle a donc à contre cœur accepté de s'asseoir sur le siège.

C'est d'humilité surtout dont nous avons besoin pour trouver la paix et l'harmonie dans le monde. La condition nécessaire à l'harmonie extérieure, c'est l'humilité intérieure.

Toutes les guerres et la violence dont nous sommes témoins aujourd'hui ont leur origine dans le mental. Les pensées qui émergent du mental se transforment en actions. Ces actions peuvent ensuite tourner mal et provoquer une décharge inouïe de violence. Avant de réussir à nous débarrasser totalement de tout sentiment négatif, avant de pouvoir vraiment faire preuve de compassion, il nous faut d'abord cultiver l'humilité.

L'ego nous suit comme notre ombre. Mais quand on pose le front par terre, il n'y a pas d'ombre. L'humilité est l'épée qui peut trancher l'ego, notre égoïsme. Nous ne pouvons pas nous défaire complètement de l'ego ; il est en chacun de nous. Cependant, si nous faisons des efforts sincères, la grâce divine ne manquera pas de nous en libérer.

Il n'est pas possible d'éliminer l'ego tout seul. Il faut être guidé par un maître spirituel afin d'acquérir assez d'humilité pour réussir à transcender l'ego et les *vasanas*. Si nous sommes dans le bon état d'esprit, où que nous nous trouvions dans le monde, le maître répandra sa grâce sur nous pour nous aider à dépasser nos *vasanas*. Il n'est pas forcément nécessaire d'être physiquement en sa présence pour bénéficier de cette grâce.

Quand notre ego commence à se dissoudre, nous devenons plus humbles. Cette humilité nous permettra de recevoir un jour la grâce et de comprendre la signification profonde des actions et des paroles du *guru*. C'est pourquoi Amma dit qu'il faut avoir l'attitude d'un débutant.

Les plus grands de ce monde ont toujours été les plus humbles et les plus modestes. On a effectué des enquêtes sur les entreprises les plus prospères et sur les PDG qui les avaient amenées au premier rang mondial. Contrairement à toute attente, on s'est rendu compte que la plupart des directeurs qui avaient très bien réussi étaient en fait des personnes discrètes, réservées et souvent même, timides. Ils étaient dépourvus de vanité, tout à fait ordinaires, mais en revanche, ils étaient très durs à la tâche et consciencieux.

En leur comparant les directeurs des entreprises moins bien classées, on a découvert que ces derniers avaient pour la plupart un ego démesuré. Les PDG des plus petites entreprises voulaient s'attribuer tout le mérite du moindre succès mais reportaient sur les autres la responsabilité des mauvais résultats.

Les directeurs qui faisaient preuve d'humilité étaient par contre toujours prêts à reconnaître que le succès était dû à d'autres facteurs qu'eux-mêmes, mais quand il y avait des problèmes, ils endossaient toute la responsabilité des erreurs commises.

Amma est l'un des plus grands exemples du triomphe de l'humilité. Elle vient d'un milieu simple et a très peu fréquenté l'école, pourtant elle est parvenue aux premiers rangs des PDG mondiaux. Elle est à la tête d'une organisation caritative en expansion permanente et mondialement reconnue. C'est elle, en tant que PDG, qui prend les décisions ultimes et qui dirige des milliers de personnes qui travaillent dans l'humanitaire, tout en faisant preuve d'une compassion, d'une humilité, d'une patience et d'une conscience à toute épreuve. Peu lui importe qu'on apprécie ce qu'elle fait ou qu'on l'encense, son seul désir est de servir l'humanité, de soulager la souffrance, d'améliorer la situation des pauvres et de tous nous motiver à faire le bien.

On a souvent demandé à Amma si elle envisageait de faire un jour de la politique. Elle se contente en général de rire et répond qu'elle n'a aucune envie d'être à la tête de quoi que ce soit. Elle veut seulement être la femme de ménage, elle veut faire le ménage dans notre mental, elle veut nettoyer la souffrance et la pauvreté et servir le monde. La plupart d'entre nous cherchent constamment à accroître leur importance, mais Amma nous rappelle qu'il est important de faire preuve d'humilité. Elle est si naturellement dénuée d'orgueil qu'elle nous a donné envie de venir faire le ménage avec elle en arrêtant de chercher à satisfaire notre ambition.

Amma ne considère jamais aucune tâche comme indigne d'elle. Elle est d'une humilité inimaginable qui la pousse souvent à faire tout ce que les autres répugnent à faire.

A la fin de deux jours de programme à Durgapur en 2004, nous étions sur le point de quitter le lieu du programme pour rejoindre Calcutta par la route. Amma a demandé à l'un des *brahmacharis* si le site du programme avait été nettoyé. Il a répondu que oui, mais tandis que la voiture quittait les lieux, Amma a vu qu'il restait encore beaucoup de feuilles de bananier qui avaient servi d'assiettes et de papiers par terre. Elle a fait arrêter la voiture pour descendre ramasser les ordures. Alors bien sûr, les 500 personnes qui suivaient le tour se sont mises à nettoyer aussi. Comme tout le monde avait donné un coup de mains, le terrain a été vite nettoyé et les ordures brûlées. Si besoin est, quand c'est juste, Amma n'hésite jamais à mettre les gens au travail.

Tout récemment, en 2007, au Tamil Nadu, alors qu'un programme touchait à sa fin, Amma a exigé que tous ceux qui voyageaient avec elle, aillent nettoyer le site et aider à démonter ce qui avait été installé pour le programme. Les dévots étaient d'accord, mais quelle ne fut pas leur surprise en voyant les policiers de service se mettre également au travail. C'était un spectacle étonnant et inhabituel. Amma a le pouvoir de donner à tout le monde la volonté de faire le bien.

C'était la première fois que la police nous aidait dans le travail, mais ces policiers-là avaient été si profondément touchés par Amma et impressionnés par le travail fourni par chacun, qu'ils voulaient eux aussi nous aider. On considère souvent les policiers comme des gens très différents de nous parce qu'ils ont un rôle spécifique. Mais les différences se fondent dans la chaleur de l'amour maternel d'Amma.

A la fin d'un programme public à Chennai, deux femmes fonctionnaires de police ont accompagné Amma qui se rendait dans la maison d'un dévot. Elles ont demandé à Amma si elles pouvaient lui parler en privé pendant quelques minutes. L'une des deux a soulagé son cœur. Lentement, ses yeux se sont remplis de larmes tandis qu'elle racontait sa triste histoire : elle avait été enceinte une première fois mais elle avait fait une fausse couche. Elle était tombée enceinte une seconde fois, mais pendant son cinquième mois de grossesse, elle avait été renversée par un bus et encore une fois elle avait fait une fausse couche. Maintenant elle avait du mal à concevoir un enfant et elle voulait la bénédiction d'Amma. Avec douceur, Amma a essuyé les larmes de cette femme puis les siennes et lui a promis de faire un *sankalpa* pour elle.

Puis la deuxième femme parla à son tour de ses problèmes à Amma. Elle avait beaucoup de problèmes de famille et son mari la battait souvent. Elle était si triste et déprimée qu'elle pensait au suicide. Amma l'a prise dans ses bras et lui a fait promettre de ne jamais agir ainsi ; elle lui a donné des conseils pour améliorer la situation. Quand les deux femmes ont eu fini de soulager leur coeur, elles ont, toutes les deux, essuyé leurs yeux, puis elles se sont reculées de quelques pas pour laisser entrer les personnes suivantes qui allaient, à leur tour, raconter leurs problèmes. Enfin, elles ont pris quelques profondes respirations pour retrouver leurs esprits et elles sont parties.

Tandis que nous quittions la maison, une des femmes m'a prise par le bras pour me dire merci avec beaucoup de reconnaissance. Je n'avais rien fait; j'étais seulement restée à côté d'Amma, témoin silencieux, dans le sillage de son amour débordant de compassion. Avoir vu ces femmes et les policiers qui avaient participé auparavant au rangement, a vraiment changé ma manière de voir la police. Je ne les vois plus comme de simples uniformes. Maintenant je sais que ce sont des gens comme nous qui veulent avoir l'amour d'une mère et qui ont besoin de quelqu'un pour écouter leurs problèmes.

Bien qu'Amma n'ait plus rien à attendre de ce monde et que personne ne lui refuse le droit de se reposer, elle ne reste jamais oisive. Quand elle ne donne pas le *darshan*, elle passe la plus grande partie de la journée à lire des lettres. Pendant son temps libre, elle conseille ceux qui en ont besoin ainsi que tous ceux qui dirigent les institutions gérées en son nom.

Partout dans le monde, des milliers de gens travaillent bénévolement dans les oeuvres caritatives d'Amma. Même s'ils montrent beaucoup d'enthousiasme dans leur travail, ils manquent souvent d'expérience pratique, alors Amma doit régulièrement leur donner des conseils. Certains croient peut-être qu'Amma se repose quand elle n'assure pas de programmes ou quand elle ne donne pas le *darshan*, mais, en général, elle accorde des entretiens ou parle au téléphone. Il est très rare qu'elle se repose effectivement.

En Inde quand nous arrivons sur les lieux des programmes, je sors de la voiture juste après Amma et je me mets vite à côté d'elle pour la protéger parce que l'enthousiasme de la foule est difficile à contrôler. (En fait, c'est moi qui ai besoin d'être à côté d'elle pour qu'elle me protège !) On a peut-être l'impression que je tiens Amma pour l'empêcher de tomber, mais en vérité, c'est l'inverse. Je m'accroche à elle pour ne pas tomber, au sens propre comme au sens figuré.

Un soir, nous sommes allés à Trivandrum pour un programme. Tandis que la voiture remontait l'allée étroite juste avant d'arriver à l'ashram de Trivandrum, des dévots très démonstratifs avaient profité des vitres baissées pour passer des guirlandes au cou d'Amma. Il y avait des guirlandes plein la voiture. En arrivant, Amma a ramassé quelques guirlandes qui étaient tombées par terre à ses pieds pour les poser sur le siège avec toutes les autres et les mettre en tas. Je la regardais faire et je me demandais pourquoi elle agissait ainsi alors que la foule agitée bouillait d'impatience.

En sortant de la voiture, j'ai enfin compris qu'Amma avait rassemblé les guirlandes pour que j'aie la place de me glisser sur le siège avant de venir me placer derrière elle. J'aurais très bien pu le faire moi-même, mais Amma avait pris le temps et la peine de retirer les guirlandes pour moi. Cette marque d'attention de la part d'Amma m'a gênée. C'est le disciple qui est censé être au service du *guru*, mais avec Amma, c'est véritablement l'inverse – c'est toujours elle qui nous sert.

En sortant de la voiture, nous avons continué à pied ; le chemin était bordé tout du long de grosses lampes à huile posées sur des bancs. Les dévots étaient massés derrière les bancs. Ce n'était pas une très bonne idée parce qu'ils se pressaient pour essayer de toucher Amma.

Tout le long du chemin, Amma a dit de faire attention aux lampes à huile et elle prévenait tout le monde du danger qu'il y aurait à se bousculer pour approcher d'elle. Elle est allée jusqu'à vérifier qu'aucune des personnes postées derrière les lampes - sans en oublier une seule – ne risquait de se brûler et elle a exigé qu'il n'y ait pas de bousculade pour éviter de renverser les lampes.

Au bout de l'allée, un grand nombre de gens s'étaient entassés à l'intérieur du bâtiment pour accueillir Amma. Au milieu de toute cette excitation, le dévot censé faire l'*arati* devant Amma ne réussissait pas à allumer le camphre. Patiemment, Amma, en mère serviable et attentive, a pris le temps d'allumer le camphre elle-même pour que le dévot puisse achever la cérémonie selon la tradition.

Amma veille toujours à ce que chacun ait ce qu'il lui faut. Chaque fois qu'elle arrive à un programme, elle commence par promener son regard sur l'assemblée pour vérifier que tout le

monde a assez de place pour s'asseoir. Elle ne veut pas qu'il y ait des gens assis sous la pluie ou au soleil. Il lui arrive de faire démonter des palissades ou des panneaux qui empêchent les gens de la voir. Elle dit souvent à ceux qui filment de s'asseoir pour que tout le monde puisse voir.

Pour Amma, les besoins d'autrui passent avant les siens. Au début d'un *satsang*, il lui arrive de s'excuser quand il n'y a pas assez de place pour que tout le monde puisse s'asseoir. L'objectif d'Amma n'est pas de montrer ses talents d'orateur ni sa sagesse. Elle donne plutôt l'image d'une mère à la compassion infinie. Amma est capable de faire beaucoup de choses à la fois. Même quand elle reçoit des foules de gens pendant le *darshan*, elle continue à s'occuper des besoins de ceux qui attendent ; elle veille à ce qu'on leur donne de l'eau et à ce qu'ils n'attendent pas au soleil – dans la mesure du possible. Elle fait souvent annoncer au micro que chacun doit veiller sur ses affaires, car il est courant que des voleurs viennent se mêler à la foule pour dérober bijoux et argent.

Dans la vie spirituelle, le sens pratique nous aide à surmonter les difficultés. Amma nous l'enseigne par l'exemple, dans la vie de tous les jours. Un jour, quelqu'un était sur le point de vomir pendant qu'Amma donnait le *darshan*. Amma a vidé le plateau de *prasad* qui était posé à côté d'elle et elle l'a tendu au malade pour qu'il puisse vomir dedans. Contrairement à nous, elle n'a pas considéré le plateau comme trop sacré pour cet usage. Amma ne se départit jamais de son sens pratique et elle pense toujours aux autres.

Les véritables maîtres ne nous demandent jamais de renoncer à tout, ils nous apprennent en revanche à ne prendre que ce dont nous avons besoin. Amma essaie de nous apprendre à partager et à ouvrir notre cœur aux autres. Cette façon de partager nous rend plus compatissants et accélère vraiment notre croissance spirituelle. L'objectif de toutes les pratiques spirituelles, c'est d'éveiller l'amour qui sommeille en nous. Même ceux qui ne suivent pas de pratiques spirituelles traditionnelles connaîtront un peu de paix s'ils adoptent une attitude désintéressée et s'ils apprennent à partager.

Un jour, nous attendions dans un salon de l'aéroport l'heure de l'embarquement. J'avais servi du thé à Amma. Elle me dit alors d'en apporter aux *swamis* qui étaient dans une autre salle. Je lui fis remarquer que quelqu'un leur en avait sûrement déjà donné, mais Amma insista pour que j'aille leur en porter. Elle voulait m'inculquer un principe : celui de penser aux autres avant de penser à soi-même, dans n'importe quelle situation. Amma ne pense pas à ses propres besoins. Même si elle a beaucoup à faire, elle pense constamment aux autres avant de penser à elle-même. Elle consacre sa vie entière au service du monde.

Je vais vous raconter une histoire vraie qui montre à quel point il est important de s'intéresser aux besoins des autres. Il y avait un groupe de 70 savants qui travaillaient énormément, entre 12 et 18 heures par jour, tous les jours, sur le site de lancement d'une fusée. L'heure du lancement approchant, ils devenaient de plus en plus nerveux à cause de la pression d'un emploi du temps surchargé. Leur patron les faisait travailler dur, mais ils étaient tous très attachés à lui et aucun n'avait jamais songé à démissionner.

Un matin, l'un des savants est allé voir le patron pour lui dire qu'il avait promis d'emmener ses enfants en ville pour voir une exposition qui venait d'ouvrir. Il a demandé la permission de quitter le bureau à 17 heures 30 pour tenir sa promesse. Le patron a accepté. Le savant s'est mis au travail. Il est resté très concentré toute la journée. Quand il a enfin regardé l'heure à sa montre en pensant que c'était à peu près l'heure de partir, il a vu qu'il était déjà 20 heures 30. Quel choc !

Il était déçu d'avoir raté l'occasion d'emmener ses enfants à l'exposition. Il a cherché son patron pour lui dire qu'il s'en allait mais il ne l'a pas trouvé. Il avait beaucoup de remords de n'avoir pas profité de cette occasion d'être avec ses enfants qui avaient attendu ce moment avec tant d'impatience.

Quand il est arrivé à la maison, tout était très calme et les enfants n'étaient pas là. Sa femme était occupée dans la cuisine, il s'est approché sur la pointe des pieds, en pensant qu'elle serait sûrement très en colère contre lui. A sa grande surprise, elle lui a souri gentiment. Enhardi, il lui a demandé où étaient les enfants. Il a été de nouveau surpris par la réponse. Son patron était venu vers 17 heures15 pour emmener les enfants voir l'exposition.

En fait, le patron était passé devant le bureau du savant à 17 heures. En le voyant si profondément plongé dans son travail, il avait compris qu'il lui serait difficile d'arrêter à ce stade. Mais comme il sentait qu'il fallait emmener les enfants à l'exposition, il avait décidé de les emmener lui-même. Le couple ravi a compris à quel point le patron du mari était gentil, attentionné et extrêmement intelligent.

Il s'agit du Docteur A.P.J. Abdul Kalam, qui est devenu, quelques années plus tard, président de l'Inde.

La plupart du temps, nous agissons dans notre intérêt propre. Nous prenons rarement le temps de penser aux autres. Nous sommes tout le temps occupés, mais nous ne faisons rien de bien important. Amma nous donne l'envie de dépasser notre égoïsme, de penser et d'agir de façon vraiment désintéressée.

Chapitre 6

Qu'est-ce que le véritable bonheur ?

*Louanges et reproches, profits et pertes, plaisir et
chagrin – tout passe comme le vent. Pour être
heureux, restez stables comme les arbres géants, ne
vous laissez pas ébranler par les circonstances.*

Le Bouddha

Un roi d'Espagne déclara jadis : « En cinquante ans de
règne, je n'ai connu que la paix ou la victoire. Je suis
aimé de mes sujets, craint de mes ennemis et respecté de
mes alliés. J'ai eu toutes les richesses, les honneurs, le pouvoir et
les plaisirs que je voulais. Apparemment, rien n'a manqué à mon
bonheur sur terre. Pourtant j'ai soigneusement fait le compte de
mes jours de bonheur parfait et étrangement, je n'en trouve que
14... »

Comme ce roi, les gens passent leur vie à chercher ce qu'il y
a de meilleur dans tous les domaines. Cependant, obtiendrions-
nous tout ce que nous désirons que cela ne nous rendrait pas
forcément heureux.

Lors d'une retraite aux Etats-Unis, dans l'hôtel de luxe où
nous étions logés, j'ai vu cinq oreillers sur chaque lit. Comme je
voulais dormir par terre, j'ai fouillé dans les tiroirs pour dénicher
une couverture et qu'y ai je trouvé ? Un oreiller ! Qui peut bien
avoir besoin de plus de cinq oreillers ? Si nous croyons qu'il nous
faut ceci ou cela pour être heureux, jamais nous ne serons satisfaits.

« Nous avons tous le sentiment d'un déséquilibre intérieur. La plupart des gens désirent ardemment être heureux et en paix mais très peu y réussissent. Rien ni personne ne nous apportera ce calme intérieur. Seule une puissance supérieure peut combler ce vide. Je suis convaincue qu'il existe un Être supérieur. Livrés à nous-mêmes, nous serions voués au chaos, » a déclaré une célébrité.

Nous avons la chance d'avoir un guide spirituel comme Amma qui nous montre où se trouve le véritable bonheur.

Amma dit souvent qu'à notre époque, les gens se donnent des allures de roi – mais qu'intérieurement, ils ne sont que de pauvres mendiants. Au lieu de finir en mendiants, apprenons plutôt à donner pour devenir des rois – intérieurement, pas seulement en apparence.

Ce n'est pas le saint qui nous donne la joie que nous ressentons en sa présence. Cette joie qui se manifeste vient de l'intérieur, du cœur. C'est exactement comme le bouton de lotus qui s'épanouit à l'aube et répand son parfum. Le soleil n'est que la cause apparente de l'éclosion, la fleur existait déjà à l'état potentiel dans le bouton : ce qui était caché se manifeste, c'est tout. Les âmes éveillées révèlent la joie qui est en nous.

L'amour est dans tous les cœurs. Amma nous recommande souvent de voir le bien en tout car le lotus fleurit dans la fange. Considérons tous les êtres comme des manifestations de notre Soi et notre cœur débordera d'amour et de compassion.

Celui qui ignore la vraie nature de la vie est sûr de souffrir. Mais celui qui connaît la nature du monde peut tout accepter avec le sourire, sans jamais se laisser contrarier par l'adversité. Si nous ne nous intéressons qu'aux objets extérieurs, qu'elle soit fructueuse ou pas, cette quête sera vaine car le bonheur vient de l'intérieur.

Un homme de 92 ans qui perdait la vue et dont la femme venait de décéder à l'âge de 70 ans a dû aller en maison de retraite. Le jour du déménagement, ce petit homme très digne, toujours bien mis, rasé de frais et soigneusement peigné pour huit heures attendait patiemment dans le couloir de la maison de retraite qu'on lui montre sa nouvelle chambre. Souriant gentiment à l'aide-soignant qui lui annonçait que sa chambre était prête, ce monsieur prit l'ascenseur avec son déambulateur. L'aide-soignant lui décrivit le mobilier qu'on avait installé dans sa petite chambre et la couleur des rideaux. « J'adore cette chambre, » déclara le vieux monsieur aussi enthousiaste qu'un enfant de huit ans à qui on vient d'offrir un petit chien.

« M. Dupont, attendez un peu, vous n'avez même pas vu votre chambre. »

« Peu importe, » a t-il répondu. « Le bonheur, c'est quelque chose qui se décide d'emblée. Le fait d'aimer ma chambre ne dépend pas de la disposition du mobilier mais plutôt de mon état d'esprit. J'ai déjà décidé de l'aimer. Chaque matin, je prends une décision en me réveillant. J'ai le choix : soit je passe la journée à me morfondre au lit en pensant à tout ce qui ne fonctionne plus dans mon corps, soit je me lève plein de reconnaissance pour tout ce qui fonctionne encore. Chaque jour est un cadeau et tant que mes yeux s'ouvriront, je me concentrerai sur ce jour nouveau et sur tous les bons souvenirs que j'ai emmagasinés dans le seul but de peupler cette période de ma vie. »

Nous aurons beau accumuler les connaissances, la richesse et tous les succès imaginables, ce sera en pure perte si nous avons négligé le bonheur des autres. Mais cela ne signifie pas qu'il est inutile d'agir.

Une femme m'a confié que certains enseignements spirituels sur la futilité des choses matérielles l'avaient très longtemps plongée dans la confusion. Elle avait arrêté de pratiquer ses activités favorites ; elle avait par exemple cessé d'écrire de la poésie et de peindre. Amma a levé ses doutes en lui disant que la créativité n'est pas un obstacle à la vie spirituelle. Cependant, en exerçant nos talents, rappelons-nous que rien en ce monde ne nous apportera le vrai bonheur.

Un *brahmachari* qui vivait dans un des ashrams d'Amma dans le nord de l'Inde a raconté son voyage dans l'Himalaya. Après avoir vécu heureux à l'ashram, il a eu l'impression d'être assez fort mentalement pour partir méditer et pratiquer des austérités (*tapas*) dans les forêts de l'Himalaya. Une fois arrivé en forêt, il s'est aperçu qu'il n'en était rien ; loin de trouver la tranquillité intérieure, son mental était envahi par des sentiments inconnus et de nouvelles pensées. Il a pris peur et, pensant que cela lui ferait du bien, il est redescendu pour aller vivre dans la vallée au milieu des autres yogis.

Mais en voyant le comportement de certains yogis, l'image qu'il se faisait de la vie spirituelle dans l'Himalaya a volé en éclats. Les *sadhus* mangeaient à leur faim à 7 heures du matin puis à nouveau à 16 heures et s'endormaient repus. Ils parlaient du Védanta en fumant des *bidis* (cigarettes indiennes, note du traducteur) ou en tirant sur des *shiloms*. Certains en arrivaient même à se battre pour des divergences d'opinion. Ce *brahmachari* n'a pas rencontré de dévots ni de yogis se comportant avec amour envers les autres. Les gens s'évitaient souvent pour ne pas avoir à s'inviter ni à offrir une tasse de thé, par peur de la dépense.

Tout cela illustre ce qu'Amma dit souvent à propos du Védanta : il ne suffit pas d'en parler, il importe de le mettre en pratique.

Le mental est incapable de rester tranquille et se laisse toujours perturber par des pensées. Il nous suit partout, que ce soit au sommet de l'Himalaya ou au fond des forêts. Il nous persécutera toujours – pas moyen d'y échapper. Au lieu d'essayer de le calmer, Amma nous conseille de travailler pour autrui. Le *brahmachari* en question a remarqué qu'il se sentait bien plus heureux depuis qu'il s'était remis au service des autres et que les gens autour d'Amma étaient beaucoup plus désintéressés que la plupart des yogis de l'Himalaya.

Un groupe d'étudiants a posé une question au grand philosophe Aristote : « Maître, il y a maintenant des décennies que vous enseignez et vous avez écrit de nombreux livres. Dites-nous en quelques mots quel est le but de la connaissance ?

« Un seul concept résume le sens et le but de la connaissance : le service, » a répondu Aristote.

Il y a quelques mois j'ai surpris une conversation entre Amma et un visiteur de l'ashram en Inde.

« Que mes enfants choisissent de méditer tout le temps ou de travailler dur, peu importe pourvu qu'ils ne soient pas paresseux. Qu'ils travaillent dur si cela leur chante, mais s'ils veulent méditer, qu'ils travaillent au moins un peu chaque jour pour payer leur nourriture. Qu'ils travaillent même un peu plus pour gagner 10 roupies qui serviront aux autres. C'est tout ce que je demande. Il ne faut pas qu'ils deviennent des parasites, » disait-elle.

Même si nous avons l'impression de ne pas avoir le temps de faire toutes les pratiques spirituelles, au moins travaillons, parce que c'est tout ce qu'Amma attend de nous.

Tous les ans un groupe d'étudiants japonais vient en Inde pour participer à la construction de maisons qui seront ensuite données aux pauvres. Cette année-là, parmi les 80 étudiants, se trouvait un handicapé moteur atteint de paralysie cérébrale. Ce garçon était pratiquement cloué dans un fauteuil roulant. Il désirait aider comme tout le monde, d'autant plus que les maisons étaient destinées aux victimes du tsunami. Mais hélas, il était bien incapable d'accomplir un travail manuel pénible ou de transporter de lourdes charges.

Mais on a trouvé une solution. On a enfilé à la seule main valide du garçon un gant auquel était fixé un pinceau ; il arrivait tant bien que mal à peindre les murs. Certes, il mettait autant de

peinture sur lui et tout autour de lui que sur les murs, mais cela ne faisait rien ! Et peu lui importait de travailler toute la journée sous un soleil de plomb ! Il était heureux.

« Vous savez, j'ai tout le temps besoin qu'on m'aide. Enfin, j'ai trouvé un moyen d'aider les autres. J'ai l'impression que si Amma était dans mon corps, elle voudrait travailler comme cela aussi, » a t-il déclaré plus tard, ravi de pouvoir enfin aider les autres.

C'est le bonheur d'autrui qui fait notre bonheur. Certains pensent pouvoir être heureux en exploitant les autres, mais ils se trompent. C'est seulement en étant utiles aux autres et en oubliant notre intérêt que nous pourrons trouver le bonheur. Si nous sommes capables d'agir avec un cœur plein d'amour et de faire des sacrifices pour les autres, nous connaîtrons la paix et la joie. Tout service rendu à l'humanité nous rendra heureux.

Chapitre 7

Le pouvoir de l'amour

*Si les antilopes se déplacent par deux c'est
pour que la première puisse souffler sur
la poussière qui aveugle la seconde.*

Proverbe africain

L'amour du guru pour son disciple est le plus pur qui soit. Cet amour est très profond parce que le guru n'attend rien en retour. Son seul désir est de conduire le disciple sur le chemin de grâce qui mène au royaume de la Vérité.

On peut trouver d'autres formes d'amour en ce monde, mais il possède rarement cette qualité. Nous avons presque tous fait l'expérience d'un amour conditionnel qui repose sur des attentes cachées, et en général nous avons été déçus. Même le bébé innocent aime sa mère parce qu'il désire le lait maternel. Tout amour en ce monde repose sur des attentes : rien n'est gratuit. Mais d'après Amma, il doit y avoir au moins un endroit au monde où trouver l'amour gratuit, désintéressé et pur de toute attente. C'est pour cela qu'elle est venue sur Terre.

Au cours d'un programme du soir pendant le tour des USA, le traducteur a demandé à Amma si elle voulait qu'il lise la traduction de ses enseignements sur l'amour. Amma lui a répondu « Oui » en riant, parce qu'il en avait visiblement un peu assez de répéter chaque jour la même chose. Amma ne se lasse jamais de parler d'amour, c'est pour elle un sujet toujours de circonstance et toujours neuf. C'est plus qu'un mot de vocabulaire, c'est une expérience toujours passionnante. Elle a dit au traducteur de ne jamais sous-estimer le pouvoir de l'amour, mais c'est, hélas, ce que nous faisons généralement.

La puissance de l'amour, la puissance de l'âme, existe en chacun de nous. Amma cherche à éveiller ce potentiel infini qu'est le sentiment maternel aussi bien chez les hommes que chez les femmes. Elle s'efforce d'éveiller l'amour et la compassion car l'amour pur est capable d'opérer un changement prodigieux en nous et dans le monde.

Une journaliste effectuant des recherches pour écrire un article sur les animaux a été sidérée de rencontrer une ancienne toxicomane devenue l'amie d'un chien perdu. Cette femme avait compris qu'elle devait changer radicalement pour pouvoir s'occuper correctement de l'animal. Elle a donc arrêté la drogue. Elle a sauvé le chien et il l'a sauvée en retour.

Les journalistes demandent souvent à Amma ce qu'elle éprouve en prenant les gens dans ses bras : « C'est un phénomène très pur. Je les vois comme un reflet de moi-même. Quand je les regarde, je deviens ces personnes et je ressens leurs chagrins et leurs joies. Nous nous rencontrons au niveau du cœur, » leur répond-elle.

Quand Amma donne le *darshan*, elle agit comme un catalyseur pour nous aider à sentir notre nature véritable. Il y a si longtemps que nous buvons l'eau des égouts que l'eau pure nous semble merveilleusement rafraîchissante. Grâce à Amma, nous avons un petit aperçu de notre nature divine intérieure.

Amma dit qu'elle n'est pas limitée à ce corps physique d'un mètre cinquante. Regardez en vous-même et vous verrez qu'elle habite dans votre cœur. Elle est le Soi qui demeure en chacun de nous. Mais nous n'en avons pas conscience, alors nous avons l'impression qu'Amma n'est pas tout le temps avec nous. Elle est pourtant avec nous à chaque instant et de la façon la plus intime qui soit car elle est notre Être.

Nous nous soucions des pertes et des profits matériels, mais le bien le plus précieux, c'est l'amour. Toutes les pratiques spirituelles ont pour but d'éveiller l'amour pur qui est là, en nous, sous le vernis de l'attraction et de la répulsion.

Comme l'araignée prisonnière de sa propre toile, nous sommes pris au piège de nos désirs, un piège que nous nous sommes tendus. Nous nous laissons enfermer dans ce petit univers personnel créé par *maya*. Seule une âme éveillée peut nous tirer du maquis dans lequel nous nous sommes égarés.

Un dévot qui aimait beaucoup Amma avait le cœur meurtri par des blessures très profondes, qu'Amma était seule à voir. Elle connaissait le chagrin qui rongeait cet homme : il n'arrivait pas à oublier le suicide, déjà ancien, de l'un de ses enfants. Par amour pour Amma, il lui a confié son chagrin et, aussi inimaginable que cela puisse paraître, cette vieille blessure a guéri. Amma lui a conseillé d'oublier le passé qui n'est rien de plus qu'un chèque annulé. Comme le docteur qui prescrit des médicaments pour soigner le patient, Amma offre à chacun exactement ce dont il a besoin pour que son cœur guérisse.

Amma aime tous les êtres de la création de la même façon. Une nuit, pressentant qu'il se passait quelque chose à l'étable de l'ashram et qu'une des vaches avait peut-être faim, Amma a téléphoné au *brahmachari* responsable de l'étable pour lui demander si on avait bien nourri toutes les vaches. Il lui a répondu que oui. Mais persuadée que quelque chose n'allait pas, Amma est allée enquêter.

En entrant dans l'étable, elle a déposé un seau de nourriture devant l'un des veaux qui l'a vidé complètement. Quand Amma a demandé pourquoi il avait si faim, le *brahmachari* s'est rappelé que la mère du veau étant morte, on avait confié ce seul veau à un autre *brahmachari*. Celui-ci s'était absenté pour la journée et le veau n'avait pas eu à manger, mais Amma veillait. Sans que personne ne lui en parle, elle savait que le veau avait faim.

Amma dit qu'autrefois, les mères étaient si étroitement reliées à leur enfant qu'elles savaient que c'était l'heure de la tétée même si elles étaient loin : le lait s'écoulait spontanément de leur poitrine quand le bébé avait faim. De nos jours ce lien n'est plus aussi fort. Il faut même parfois appeler les mères sur leur portable pour leur dire que leur enfant a faim.

Nous vivons dans un monde égoïste. Quand ils aiment, les gens exigent d'être aimés en retour parce qu'ils ne connaissent pas la véritable source de l'amour. Nous cherchons toujours à obtenir quelque chose de l'extérieur, mais ces vaines tentatives nous laissent tristes, insatisfaits et vides. En voyant tant de gens dans cet état, Amma ressent une compassion immense et essaie de nous arracher à cette souffrance.

« Comment puis-je m'aimer davantage ? » a-t-on demandé à Amma. « En aimant les autres et en cultivant de bonnes qualités, nous arriverons à nous aimer nous-mêmes, » a-t-elle répondu. Si nous ne sommes pas capables d'aimer les autres, essayons au moins de ne pas nous mettre en colère contre eux et de ne haïr personne, nous suggère Amma.

Il est facile d'aimer Amma, mais efforçons-nous d'aimer les autres de la même manière. Si nous n'arrivons pas à aimer quelqu'un, c'est souvent faute de l'avoir compris. Il est plus facile d'aimer les autres en essayant de comprendre ce qui les rend malheureux.

Intégrons véritablement l'essence de la spiritualité, et ensuite la compassion, l'amour et le souci des autres s'éveilleront sponta-nément. Nous connaîtrons alors le véritable amour.

Au cours d'une séance de questions/réponses, quelqu'un a posé une question qui m'a un peu choquée : il a demandé à Amma pourquoi elle avait besoin d'un traducteur. Amma n'en a pas du tout été gênée. Rien ne la dérange.

« Si Amma est omnisciente, comment se fait-il qu'elle ne comprenne pas toutes les langues ? » a-t-il demandé.

Amma a eu une réponse merveilleuse. « L'omniscience, c'est la connaissance de ce qui est éternel et à ce niveau de conscience, la langue, c'est l'amour, » a-t-elle aussitôt répondu.

Il n'y avait rien à ajouter.

En Espagne pendant le tour d'Europe 2006, un jeune garçon trisomique qui avait appris à jouer des tablas à Amritapuri est venu au programme. Heureuse de le revoir, Amma l'a invité à venir sur la scène pour jouer des tablas pendant les *bhajans*.

C'était fascinant de voir ce jeune garçon jouer à côté d'Amma. Beaucoup de musiciens très brillants viennent aux programmes d'Amma, mais rares sont ceux que l'on invite à jouer sur scène ; pourtant, avec beaucoup d'amour, Amma a par deux fois invité ce garçon à l'accompagner pendant les *bhajans*. Presque à chaque chant, Amma se retournait pour lui sourire et l'encourager. Il lui répondait avec un sourire rayonnant. Pendant la méditation, à la fin du programme, elle lui a fait signe de venir s'asseoir à côté d'elle sur le *pitham*. Ensuite, elle l'a fait marcher devant elle pour traverser la foule avant de rejoindre son fauteuil.

Amma essaie de nous enseigner sa langue maternelle, le langage de l'amour.

On nous prévient souvent des dangers de l'amour qui tourne souvent à l'obsession ; alors *devenons* amour. L'amour enlève la peur, nous fait parler ouvertement et nous donne la force d'être libres. Il nous rend capables d'accomplir l'incroyable. En découvrant ce potentiel infini, nous puisons à une source intarissable.

En 2002, une Américaine célèbre a demandé au Président Nelson Mandela ce qu'elle pouvait offrir à l'Afrique du Sud. « Construisez-moi une école, » a-t-il simplement répondu.

Quelques années plus tard, dans la misère de la banlieue de Johannesburg, une construction de plusieurs millions de dollars est sortie de la terre desséchée de Soweto. L'amour avait donné naissance à une école pour filles issues de milieux défavorisés et avait semé les graines d'une nouvelle génération.

Issue elle-même d'une classe sociale pauvre et exploitée, et consciente que les jeunes d'aujourd'hui dirigeraient le monde de demain, la fondatrice de cette école voulait permettre aux jeunes d'échapper à la misère en leur donnant tout ce qu'elle n'avait pas eu dans sa jeunesse. Beaucoup de jeunes ont bénéficié de ce don de l'amour et elle a eu le bonheur de sentir que la boucle était bouclée.

Quand on lui demande pourquoi elle n'a jamais eu d'enfants, elle répond qu'en ayant découvert l'amour désintéressé à l'intérieur d'elle-même, elle a compris que c'était inutile et qu'il valait mieux permettre aux enfants des autres d'avoir accès à l'éducation.

Voici l'histoire d'un japonais qui a fait une découverte bouleversante en rénovant une petite maison. En abattant un mur, il a trouvé un lézard qui avait un clou planté dans la patte. En examinant le clou, l'homme a vu qu'il datait d'une dizaine d'années, c'est-à-dire de l'époque où la maison avait été construite, puisque qu'on n'y avait pas fait de travaux depuis. Assis en contemplation devant ce pauvre lézard il se demandait comment cet animal avait pu survivre et se nourrir si longtemps sans bouger. Miracle, un autre lézard apparut alors, portant dans la gueule de la nourriture qu'il offrit au lézard piégé. Voyant que cela faisait sans doute dix ans que ce deuxième lézard nourrissait son compagnon, l'homme comprit le pouvoir de l'amour.

Pour aider à la construction des derniers étages du temple à Amritapuri, nous avons fait un « *séva* briques ». Nous avons secondé les ouvriers en leur amenant tous les matériaux, ce qui voulait dire monter plusieurs étages avec des briques et d'autres matériaux de construction.

En temps normal nous avions déjà bien du mal à monter l'escalier les mains vides, nous devions nous arrêter pour reprendre notre souffle sans être sûrs d'avoir la force d'arriver en haut. Mais pendant le « *séva* briques », nous faisions plusieurs voyages en transportant au moins deux grosses briques à chaque fois, à longueur de journée. La grâce d'Amma a fait des miracles, nous avons trouvé la force de monter et remonter l'escalier avec tous ces kilos. L'amour donne la force de porter n'importe quel fardeau.

Un mois avant que l'ouragan Katrina ne frappe les Etats-Unis, des inondations ont dévasté Mumbai (Bombay). Le tsunami avait auparavant ravagé la côte de l'Inde, tuant des milliers de personnes. Des centaines de milliers de personnes se sont retrouvées sans abri, sans nourriture et sans vêtements. Partout, les gens ont ouvert leur cœur pour secourir ces malheureux. En Inde, tout le monde a eu à manger. En Inde à chaque catastrophe, inondation ou tremblement de terre, les gens ont été secourus.

Dans la région du Punjab au nord de l'Inde, deux trains étaient entrés en collision au petit matin. Tous les villageois se sont levés pour venir en renfort. Sur les lieux de l'accident, tous les fermiers ont allumé les phares de leurs tracteurs pour éclairer les équipes de secours. Les fermiers ont sacrifié leurs précieux tas de foin pour allumer d'énormes feux et réchauffer les survivants grelottant de froid.

Un hôpital a été improvisé dans un temple voisin. Le chef du village a désigné une équipe pour veiller sur l'argent et les objets de valeur des victimes et dresser l'inventaire complet des biens. Pas une roupie n'a disparu ni été volée. Ce village de quelques milliers d'habitants a réussi à nourrir plus de 50 000 personnes par jour pendant plus d'une semaine. L'amour et la compassion ont spontanément transcendé toutes les barrières de castes et de croyances.

Sans être tous des héros, essayons au moins d'être gentils et aimants avec notre entourage. Toute action accomplie sans espoir de retour, avec innocence et détachement, peut devenir un acte d'amour désintéressé.

Un jour, un très vieil homme est venu au *darshan* à l'ashram. « Amma, à l'occasion, si tu as besoin de relations, dis-le moi; mon père était cuisinier chez un homme politique très haut placé et j'essaierai de t'aider, » a t-il dit le plus sérieusement du monde.

Étant donné l'âge de cet homme, cela devait faire des années que son père et l'homme politique en question étaient morts. Mais comme c'était tout ce qu'il pouvait offrir à Amma, il le faisait de tout son cœur avec tout son amour.

Essayons, dans la mesure de nos moyens, si faibles soient-ils, d'aider autrui. Notre vie n'est qu'un écho: nous recevons exactement ce que nous donnons. L'amour que nous donnons nous reviendra.

Chapitre 8

Miracles de la foi

*Quand la lumière disparaît et que nous quittons
les terres connues, avoir la foi c'est savoir qu'au
moment où nous nous engageons dans l'inconnu
des ténèbres, soit nous poserons le pied sur de la
terre ferme, soit nous apprendrons à voler.*

Edward Teller

C omme l'amour, la foi est intangible. Il est impossible de la décrire, mais toute vie repose sur elle. Certains miracles peuvent renforcer notre foi, mais elle ne doit pas en dépendre.

Dieu n'a aucun besoin de notre foi, nous avons en revanche besoin de Sa grâce.

Le beau-frère d'Amma est un jour allé dans sa ville natale pour voir sa mère mais celle-ci a refusé de lui parler. Ignorant ce qui motivait l'attitude de sa mère, il est entré dans un temple pour prier *Dévi* dans le sanctuaire. « Je ne sais pas pourquoi ma mère refuse de me parler. Je me sens très triste, » dit-il à la déesse.

Au même moment, sa femme et son fils étaient à l'ashram. Amma dit au petit qui était en train de jouer avec elle: « Oh ton pauvre père est très triste. Il est dans un temple en train de prier *Dévi* parce que sa mère refuse de lui parler. Dis-lui de ne pas être triste. »

De retour à la maison, le petit garçon a rapporté les paroles d'Amma à son père qui fut très surpris parce qu'il avait prié en secret. A l'époque, il ne croyait guère en Amma. Il en parla à sa femme qui lui dit en souriant qu'il n'était pas très difficile pour Amma d'entendre une prière adressée à *Dévi*. Peu à peu, plusieurs expériences l'ont amené à ne plus douter de sa divine belle-sœur.

C'est à l'adolescence qu'Amma a fait ses premiers « miracles », mais elle n'a jamais voulu être considérée comme une sainte. Quand les gens déclaraient qu'elle avait fait quelque chose de miraculeux, Amma disait : « Il est impossible de créer ce qui n'existait pas auparavant.»

Pour renforcer notre foi, il peut arriver qu'Amma satisfasse nos désirs. Elle a exaucé d'innombrables souhaits, mais elle veut que nous dépassions le stade des désirs insensés et elle attache davantage d'importance aux enseignements spirituels.

Une masseuse venait de démissionner de son travail au moment où elle a rencontré Amma. Bouleversée par la souffrance des gens, elle était consciente du fait que leur mal n'était pas seulement physique. Tant qu'elle ne saurait pas offrir une joie pure à ses patients, elle avait le sentiment que ses massages ne pourraient jamais aider qui que ce soit. Elle était persuadée que seule Amma pourrait éveiller en elle l'amour pur et profond qu'elle recherchait depuis toujours.

Dès sa première rencontre avec Amma, elle a eu envie de la masser. Entendant un jour deux personnes parler de massages au petit-déjeuner, elle leur a demandé si elle pouvait espérer masser Amma. En secouant la tête elles ont répondu négativement. L'une d'elle lui a dit en plaisantant qu'elle pouvait toujours demander mais qu'Amma lui répondrait sans doute quelque chose du genre : « Oui, je t'appellerai un jour. » Attristée, la jeune femme a pensé qu'elle était indigne de masser Amma.

Huit jours plus tard, dans l'auditorium, Amma assistait au spectacle de Noël au milieu des résidents de l'ashram. Cette jeune femme a remarqué qu'Amma se frottait un peu le cou comme si elle avait mal ; en bonne thérapeute, elle ne supportait pas de laisser Amma souffrir alors qu'elle pouvait la soulager. C'était peut-être l'occasion rêvée de masser Amma.

Elle l'a priée de lui faire signe de se rapprocher d'une manière ou d'une autre. Intérieurement elle a demandé à Amma de tourner la tête à droite si elle voulait qu'elle vienne.

Amma a immédiatement tourné la tête à droite. Frissonnant d'excitation, elle a prié une seconde fois : « Oh Amma, je suis désolée, mais je ne sais pas si c'était une simple coïncidence. Je te demande de lever le bras droit. » Aussitôt, Amma a majestueusement levé le bras droit pour réajuster sa manche.

Plus aucun doute à ce stade, elle devait s'approcher d'Amma. Surmontant sa timidité, la jeune femme s'est levée et s'est frayé un passage dans la foule. Des regards interrogateurs se sont tournés vers elle. Sa peur a redoublé en arrivant près d'Amma, qui était un peu surprise de sa présence. « Amma, veux-tu que je te masse les épaules ? » a t-elle demandé penaude mais souriante. Amma a parlé tout haut en malayalam. Imaginant qu'Amma lui disait sans doute : « Pas question ! » elle a tourné les talons pour se retirer.

Avec un grand sourire, Amma lui a pris le menton et l'a attirée à elle pour l'embrasser sur la joue. La jeune femme a cru que cela voulait dire : « Merci quand même. »

Quand elle a voulu rebrousser chemin, toutes les *brahmacharinis* assises à côté d'Amma se sont écriées : « Elle a dit oui ! Elle a dit oui ! » en la poussant derrière le fauteuil d'Amma.

Ses mains d'ordinaire si expertes restaient paralysées au-dessus des épaules d'Amma. Intérieurement elle s'est mise à prier : « Ô mon Dieu, la déesse de l'univers me laisse la masser. Comment est-ce possible ? Comment faire ? Ô grande déesse, comment veux-tu que je te masse ? » Amma s'est retournée en riant pour dire : « Appuie ! » Alors la jeune femme a commencé à descendre le long des épaules d'Amma en appuyant. Elle a massé Amma pendant tout le spectacle.

Au bout d'un moment, elle s'est laissée distraire par quelqu'un qui venait parler à Amma. Immédiatement, Amma s'est retournée brusquement pour lui dire de retourner à sa place. Elle s'est assise sur le côté, un peu triste d'avoir perdu sa concentration, mais contente que son souhait ait été exaucé. Elle a compris qu'elle avait reçu une précieuse leçon, c'est-à-dire qu'il faut rester concentré sur le but à atteindre.

Tout le monde trouvait incroyable qu'Amma ait laissé cette nouvelle venue la masser, surtout pendant si longtemps. Mais la jeune femme savait bien que c'était par compassion qu'Amma avait répondu à ses prières. Elle lui avait accordé ce précieux cadeau pour l'aider à servir les autres en évitant de laisser son talent à l'abandon.

Quelques semaines plus tard, Amma lui a dit qu'il n'y avait pas d'autre moyen pour se purifier que de servir. Même si ses intentions n'étaient pas encore complètement pures, elle devait continuer à servir pour que l'ego diminue progressivement. Maintenant cette jeune femme a recommencé à proposer des massages et à se consacrer au service d'autrui, tout en s'efforçant de devenir un instrument d'amour pur.

Notre foi grandit quand nous comprenons qu'Amma exauce vraiment nos désirs.

Une jeune Australienne avait des appréhensions avant d'être opérée d'une dent de sagesse. Sa mère essayait de la réconforter en lui répétant qu'Amma serait avec elle pendant toute la durée de l'extraction. Elle lui avait dit de visualiser Amma sous la forme d'un chirurgien divin en train de pratiquer l'intervention. Cette idée avait plu à la jeune fille qui avait intérieurement chanté « My Sweet Lord » pendant qu'on l'endormait. Elle avait encore ces paroles en tête et pensait tranquillement à Amma en sombrant dans le sommeil.

Au réveil, elle a entendu « My Sweet Lord ». Très étonnée, elle a d'abord cru à un rêve, mais non, elle était parfaitement éveillée. Surprise, elle a regardé autour d'elle, croyant être victime d'hallucinations. En interrogeant le personnel soignant, elle a compris que cette mélodie passait à la radio. Elle était ravie de voir qu'Amma avait bel et bien veillé sur elle.

La sœur d'un dévot venait de se faire opérer et était en réanimation à l'hôpital. Une petite fille très mignonne lui rendait visite chaque jour et sa présence la remplissait de joie et lui donnait de l'énergie pour accélérer sa convalescence. L'enfant lui caressait le front et remontait son drap quand elle en avait besoin. Comme la petite ne répondait pas quand on lui demandait son nom ou son adresse, la patiente en avait déduit qu'elle devait être la fille d'une des infirmières ou d'un autre malade. La petite a rendu visite à la dame chaque jour jusqu'à son transfert dans un autre service.

A sa sortie de l'hôpital, la dame a parlé à son frère et aux infirmières de cette enfant merveilleuse qui l'avait aidée à se remettre. Les infirmières ont répondu que les enfants ne sont pas admis dans le service de réanimation. Elles ont conclu à des hallucinations. Le frère de la dame a raconté cette histoire à Amma pendant le *darshan*. En se tournant vers les autres, Amma a demandé d'un air naïf et songeur : « Je me demande bien qui était cette petite fille ! »

Un homme de Kodungallur a raconté ce qui lui était arrivé la première fois qu'il avait rencontré Amma. On venait de lui diagnostiquer une hépatite contractée des années auparavant lors d'une transfusion sanguine. Après avoir essayé plusieurs traitements qui s'étaient avérés inefficaces, il avait décidé de demander de l'aide à Amma.

Quand il est passé au *darshan*, Amma lui a demandé d'apporter du *tulasi* (basilic indien) de Krishna qu'elle a pressé dans ses mains pour en extraire le jus. Il a bu ce jus et a guéri rapidement.

La foi qu'Amma éveille en nous peut nous aider à surmonter des obstacles apparemment insurmontables.

Partie pour assister au programme du soir, une dame s'est arrêtée en route pour prendre un verre. De verre en verre, elle a fini par être bien éméchée. Cette femme s'est rendue sur le lieu du programme, mais les portes étaient fermées et le programme terminé depuis longtemps.

Pas encore dégrisée, elle a décidé de s'introduire dans le bâtiment. Elle est allée tout au bout de la pièce s'asseoir sur le *pitham* d'Amma. Pleurant à chaudes larmes, elle regrettait d'avoir perdu son temps à boire et avait le sentiment de n'être qu'une pauvre idiote. Allongée par terre, elle a pleuré à l'endroit où Amma avait posé les pieds.

Le lendemain, elle est revenue pour recevoir le *darshan* d'Amma. Pleine de remords, elle a confessé ce qui lui était arrivé la veille au soir. Amma l'a traitée avec énormément de douceur et d'indulgence. Bouleversée par tant de sympathie, cette femme a décidé de s'en montrer digne. Elle avait déjà vu Amma à plusieurs reprises et lui avait parlé de son problème d'alcool ; Amma lui avait toujours témoigné beaucoup de compassion et l'avait réconfortée sans jamais la sermonner ! Ce jour-là, la grâce d'Amma a permis à cette femme d'arrêter de boire.

Une famille venait en vacances à l'ashram chaque année. Le fils d'environ huit ans avait un problème d'énurésie qui l'embarrassait beaucoup. Ses parents devaient constamment changer ses draps et on le taquinait souvent. Une année, son problème le perturbait tellement qu'il voulut à tout prix aller voir Amma dans sa chambre. Il a fait partir Lakshmi (l'intendante d'Amma) pour pouvoir parler seul à seul avec Amma. En guidant la main d'Amma vers ses parties intimes, il lui a demandé de le guérir de son énurésie. Amma a sursauté et appelé les autres pour qu'elles viennent vite dans la chambre. Elle a ri en racontant ce qui s'était passé et a ajouté que cet enfant était plein d'innocence et de foi.

Le lendemain au *darshan*, Amma a raconté l'histoire devant tout le monde. Mais le jeune garçon n'a pas eu honte parce qu'il était guéri. Il a maintenant quelques années de plus et rit volontiers de ce qui lui est arrivé.

Celui qui va voir le guru avec innocence, sincérité et ouverture reçoit des conseils qui le mettent sur le droit chemin, même s'il commet des erreurs en route. Cette innocence l'aide aussi à acquérir un peu de paix et de satisfaction.

En général, les gens qui viennent voir le guru sont remplis de préjugés. Nous avons tendance à juger le guru de manière intellectuelle, mais il vit à un niveau qui est bien au-delà de ce que l'intellect peut saisir. Seule la foi associée à l'abandon de soi et à l'innocence enfantine peut nous permettre d'accéder à cette compréhension.

Abraham Lincoln est un exemple de foi et de persévérance. Il perdait régulièrement les élections, mais ne s'est jamais découragé. Après plusieurs candidatures malheureuses, il fut élu à la présidence des États Unis. Sa détermination, sa foi et son travail acharné ont permis à son pays de profiter de ses services. Les échecs n'étaient en fait que des étapes vers le succès.

Certains perdent la foi quand ils rencontrent des difficultés. Une telle dévotion manque de pureté car elle repose sur des attentes. Pour être authentique et nous permettre de grandir spirituellement, la foi doit être constante et inébranlable.

Un villageois qui habitait près de l'ashram d'Amma voyait sa petite entreprise prospérer grâce aux visiteurs. Il avait foi en Amma et lui était reconnaissant. Lorsque des difficultés inattendues l'ont conduit à la ruine et qu'il a aussi perdu sa famille, il a perdu la foi.

Si la foi est solide, elle nous aide, que les circonstances soient favorables ou pas.

Amma nous dit souvent de faire des efforts et que la grâce suivra. Cela s'est avéré tout particulièrement vrai pour une jeune Sud-américaine. Quand elle avait neuf ans, les docteurs ont diagnostiqué chez elle une maladie congénitale de l'oeil qui risquait de la rendre aveugle avant l'âge de dix-huit ans. Cette jeune fille était donc inquiète : qu'arriverait-il si elle perdait la vue ? Quand elle a rencontré Amma, à l'âge de quinze ans, elle lui a confié ce problème. Amma lui a dit de ne plus s'inquiéter, qu'elle s'en occuperait.

Après le bac, cette fille n'avait pas d'idées précises sur ce qu'elle voulait faire et a demandé conseil à Amma. Elle a été déconcertée quand Amma lui a suggéré de faire médecine car elle ne se serait jamais crue capable de s'engager dans ce genre de profession. Comme elle ne s'était jamais soignée qu'avec la naturopathie,

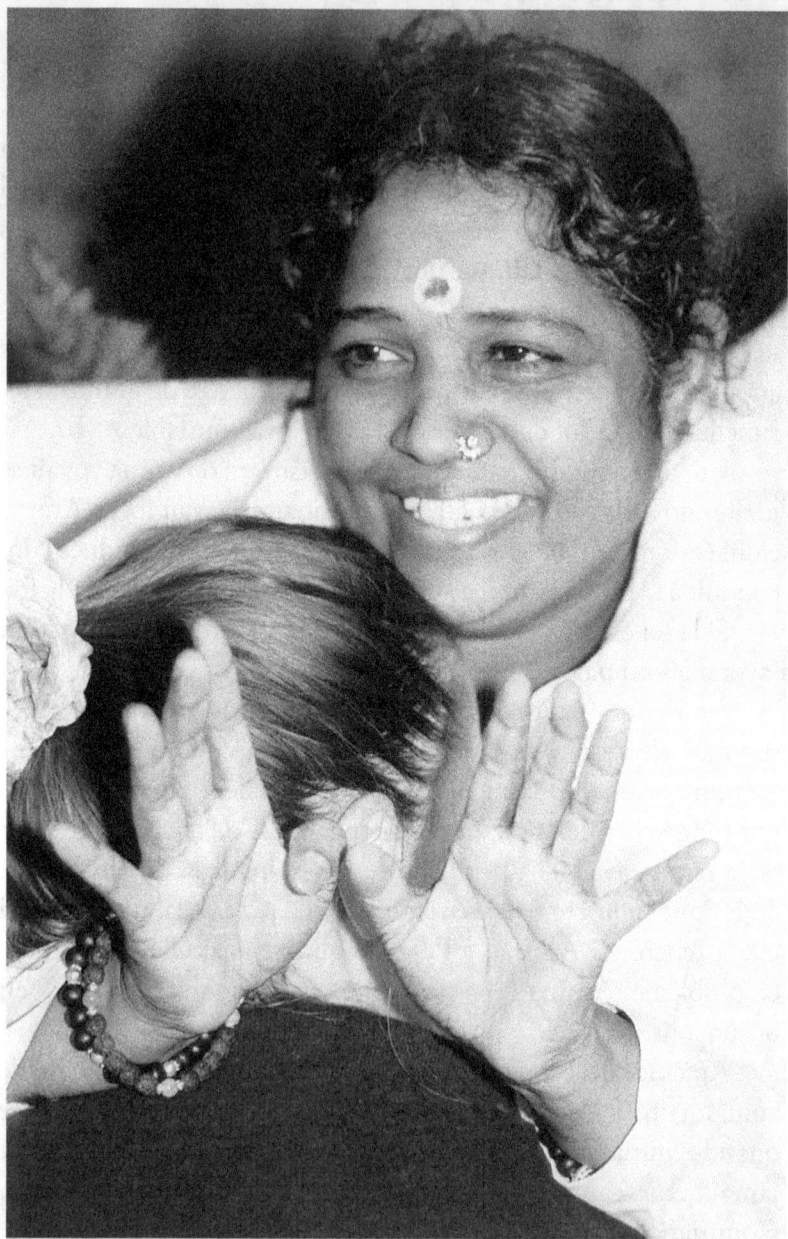

l'idée même de faire médecine la perturbait. Mais Amma a insisté pour qu'elle essaie quand même. En toute confiance, la jeune fille a donc résolu de s'inscrire en Inde à l'université de médecine de AIMS.

Elle avait beaucoup de mal, tant à cause de la somme de travail qu'elle devait fournir qu'à cause de sa vue. Elle avait également du mal à communiquer avec ses professeurs et les autres étudiants parce que son niveau en anglais était insuffisant.

Il arrivait que ses professeurs la critiquent et l'humilient devant ses camarades. Ils déclaraient qu'elle était folle d'entreprendre des études aussi difficiles. C'était déjà bien assez dur même pour des élèves brillants qui maîtrisaient parfaitement la langue. Les professeurs lui demandaient comment, avec toutes ses difficultés, elle pouvait décemment se croire capable de suivre. Ils la harcelaient pour qu'elle choisisse des études plus faciles comme l'école d'infirmières ou l'école dentaire.

Très déprimée, elle est allée voir Amma pour implorer sa permission d'abandonner ses études de médecine. Mais Amma lui a dit : « Amma veut que tu continues, il faut que tu essaies. Amma avait une bonne raison en te disant de venir faire tes études, alors il faut que tu continues. Si tu essaies vraiment, tu y arriveras. »

C'était il y a quelques années. Ces quelques mots d'encouragement lui ont donné la force de continuer en dépit de toutes ses difficultés. Quand elle a obtenu de bonnes notes à ses examens, même ses professeurs se sont mis à croire en Amma.

Quand un *mahatma* nous dit quelque chose, nous n'en comprenons pas toujours la portée. Mais si nous avons le cœur et l'esprit ouverts, la véritable signification finira par apparaître.

L'un des résidents de l'ashram qui avait annoncé à tout le monde qu'il devait quitter l'Inde pour rentrer chez lui est allé voir Amma pour l'informer de son départ. « Non, tu ne pars pas maintenant. » affirma Amma. L'interprète essaya d'expliquer à

Amma que le résident n'était pas venu demander la permission de partir, qu'il venait simplement l'informer de son départ. « Non, tu ne pars pas ! » a répété Amma au pauvre résident tout décontenancé. Ne voulant pas se disputer avec Amma, il s'en est allé tout désorienté. Il s'est aperçu un peu plus tard qu'il ne pouvait pas prendre l'avion à la date prévue et qu'il y avait un problème de billet d'avion - mais la divine Amma savait tout.

En 2006, à Indore pendant le tour de l'Inde du nord, nous avons eu beaucoup de surprises. Impossible de gérer la foule ! Mais en plein chaos, beaucoup de gens ont vu leur vie changer radicalement. Je prends l'exemple d'une dame qui était dans le coma depuis trois mois. On l'a amenée le soir sur une civière pour qu'elle passe au *darshan*. Deux jours après, cette dame est sortie du coma et a retrouvé son état normal.

Il y a aussi l'histoire de la dame qui avait aidé toutes les personnes handicapées à venir voir Amma. Mère célibataire, elle a élevé seule ses trois enfants. Un mois avant le programme, les trois enfants ont découvert Amma et en sont tombés amoureux. Pendant le mois qui a suivi, ils ont bizarrement refusé d'écouter la radio ou des musiques de film pour écouter les *bhajans* d'Amma en hindi en boucle du matin au soir.

Ils se sont impliqués dans la préparation du tour, sillonnant la ville à pied pour coller des affiches, distribuer des prospectus, aller dans des institutions pour personnes handicapées et les inviter à venir au programme. La fille de 14 ans et son frère de 10 ans avaient organisé des réunions chez eux pour coordonner les transports. Tout le monde attendait Amma avec impatience.

Le soir du programme, la jeune fille en sari de couleur et diadème tenait à la main le drapeau de l'Inde pour incarner Bharat (l'Inde) Mata (Mère). Seule sur la petite rampe qui conduisait à la scène, elle devait accueillir Amma. Mais au moment de monter sur scène elle a été saisie de frayeur au milieu de la foule en délire.

C'était la panique complète. Des gens avaient envahi la scène, refusant de descendre. Autour de la scène, c'était encore pire, la foule était surexcitée, absolument incontrôlable.

Bharat Mata était paralysée par la peur, debout face à la scène. Amma l'a saisie et l'a vite hissée sur l'estrade bondée. Nous lui avons fait une petite place près de nous. Elle s'est assise, encore en état de choc, et s'est mise à pleurer doucement.

Au cours de la nuit, la panique complète s'est progressivement transformée en panique légèrement maîtrisée. Bharat Mata n'a pas quitté la scène. Elle m'a dit qu'elle était heureuse près d'Amma même si la foule l'avait terrorisée ; elle avait rêvé de rester assise longtemps à côté d'Amma après le *darshan* et son rêve s'était réalisé.

Soyons certains que Dieu exaucera un jour nos désirs innocents. Un dévot du nord de l'Inde est venu passer quelques jours à l'ashram. Puisqu'il n'y avait pas de *darshan* public le jour de son arrivée, il a décidé d'aller aider à la cuisine. Il souhaitait très fort recevoir le *darshan* d'Amma et priait sincèrement pour qu'un miracle se produise. Il a entrepris de jeûner jusqu'à ce qu'il puisse voir Amma. Après de longues heures de travail, il s'est douché et a mis des vêtements propres avant de retourner à la cuisine pour voir si on avait encore besoin de lui.

Tout à coup, on a apporté des chaises qu'il fallait monter à l'étage chez Amma pour faire asseoir des invités de marque et un journaliste. L'homme a proposé de porter les chaises. Arrivé en haut de l'escalier, à peine avait-il mis les chaises dans la pièce que la porte s'est refermée derrière lui, le laissant enfermé dans la pièce, seul avec quelques personnes et Amma. Stupéfait mais ravi, notre homme s'est assis dans un coin, sans faire de bruit.

Amma s'est longuement entretenue avec les invités puis le journaliste a posé plusieurs questions dont une sur les miracles. Avant le départ des invités, Amma leur a donné le *darshan*. Il ne restait plus que cet homme dans la pièce. Amma lui a dit de venir et lui a demandé d'où il venait. Il a dit qu'il venait de Pune, qu'il avait travaillé toute la journée à la cuisine et monté les chaises mais qu'au moment de redescendre, la porte s'était refermée derrière lui. Il a avoué qu'il voulait désespérément recevoir le *darshan* d'Amma, bien qu'il sût pertinemment que ce n'était pas un jour de *darshan*. Amma avait bel et bien répondu à ses prières.

Nous n'avons pas pu réprimer notre envie de rire car le journaliste venait de rater un miracle de peu. Nous avions cru que cet homme était l'un des invités de marque. En vérité, il avait effectivement été l'invité le plus marquant de la journée, et cela il le devait à son dur labeur à la cuisine. Grâce à son travail, à sa foi et à l'innocence de son désir, il avait mérité son *darshan* sans oublier une pomme pour rompre son jeûne.

Une Australienne m'a confié qu'elle désirait ardemment accomplir le rituel d'adoration des pieds d'Amma. Elle ne voulait pas ennuyer Amma avec cette requête, mais ce désir l'obsédait. L'année suivante, en Australie, cette dévote a fait partie d'un petit groupe qui a accompagné Amma au bord de l'océan. Elle s'est retrouvée à côté d'Amma, les pieds dans l'eau. Il est rare d'avoir la chance d'être en petit comité auprès d'Amma. Comprenant que Mère Nature répondait à ses prières, le cœur plein de dévotion, cette femme s'est agenouillée pour verser de l'eau de mer à plusieurs reprises sur les pieds d'Amma. Elle voyait son désir se réaliser.

Amma répond à toutes les prières des cœurs innocents, y compris du sien ! Chaque année, quand Amma se rend à Calicut, dans le nord du Kérala, les nuits sont très longues. C'est seulement au petit matin qu'Amma regagne sa chambre à la fin du *darshan*. Ce jour-là, elle n'avait pas beaucoup mangé les jours précédents, et Lakshmi avait eu l'idée de lui mettre une petite friandise (un *uniappam*) de côté. Amma a mangé ce gâteau puis en a réclamé un deuxième. Lakshmi a répondu que c'était le dernier. Comme une enfant, Amma a rétorqué que ce n'était pas vrai, qu'elle était sûre qu'il en restait encore. Lakshmi a protesté mais Amma a maintenu qu'elle se trompait. Et elle est allée dans le coin cuisine situé juste à côté pour prendre le fameux *uniappam* !

J'étais dans un coin et j'ai vu la silhouette d'Amma se faufiler dans la cuisine. J'y voyais à peine dans le noir car la lumière n'était pas allumée. Derrière Amma, Lakshmi se défendait : « Honnêtement Amma, il n'y en a plus. »

Dans la cuisine Amma est allée tout droit vers la table, elle a tendu la main pour s'emparer, sans hésitation et dans le noir, d'un uniappam perdu parmi une foule d'objets en disant : « Tu vois bien ! »

Amma est repartie toute contente, nous laissant, Lakshmi et moi admiratives et stupéfaites. Amma avait trouvé l'uniappam du premier coup, dans l'obscurité et sur une table encombrée. Elle a dégusté son deuxième uniappam et Lakshmi a dû admettre qu'elle avait tort. Une fois de plus, dans une situation très ordinaire, Amma avait montré qu'elle pouvait faire des miracles.

Chapitre 9

Cascade de grâce

*Quelquefois je m'apitoie sur mon sort, sans m'apercevoir
que de merveilleux nuages me portent à travers ciel.*

Proverbe des Indiens d'Amérique

Amma dit que les êtres humains peuvent grandir et réaliser Dieu car ils ont la capacité d'atteindre l'Ultime. Cependant, rappelons-nous que nous pouvons tout perdre en l'espace d'une seconde. La mort nous suit comme notre ombre, elle peut s'inviter malgré nous, arriver sur la pointe des pieds et tout emporter sans prévenir. Amma nous recommande donc d'être toujours prêts à accueillir la mort avec le sourire.

En Inde, une grand-mère est un jour venue au *darshan* en s'appuyant sur une canne pour dire à Amma qu'elle voulait quitter son corps.

« Mais ta famille ne va-t-elle pas te regretter ? » a répondu Amma.

« Non, s'il te plaît, laisse-moi partir. » Amma a accepté à contrecoeur et un quart d'heure plus tard, la vieille dame est tombée près de l'ascenseur. En général on considère la mort comme un événement triste, mais tout le monde s'est réjoui pour elle parce qu'Amma lui avait accordé sa bénédiction et la grâce de partir vite, sans souffrir. Le désir que la vieille dame nourrissait au fond de son coeur s'était réalisé.

Amma laisse partir certains et en garde d'autres. Une ancienne infirmière américaine venue vivre à Amritapuri avait toujours rêvé de voyager avec Amma. Dès son premier séjour à l'ashram, elle est allée à Calicut assister à un programme très intense de plusieurs jours.

A un moment donné, Amma a fait venir tous les Occidentaux sur la scène. Cette femme souffrait d'arthrose et avait besoin d'une chaise. Pour ne pas empêcher les autres de voir, elle a placé son siège sur le bord de la scène. Pendant à peu près une heure elle s'est concentrée tranquillement sur Amma puis tout à coup, sa chaise a basculé dans le vide. Tout en tombant en arrière, elle a eu l'intuition très forte que son corps allait mourir. Elle est tombée sur le sommet de la tête. Un éclair de lumière vive et tout est devenu noir.

En revenant à elle, elle s'est vue incapable de répondre aux questions des docteurs du tour penchés sur elle. Un des médecins a décelé un œdème cérébral alarmant, un autre a constaté l'absence de réflexes, le corps restait sans réactions. Elle ne sentait plus du tout son corps mais elle entendait tout ce qui se passait autour d'elle. Dans son cœur, elle appelait Amma. La seule chose dont elle se rappelle, c'est qu'elle pensait : « Amma, je viens d'arriver, laisse-moi rester avec toi, ne me laisse pas partir maintenant. » D'après les témoins, elle répétait sans cesse : « Amma, Amma, Amma. »

Tout à coup, elle a senti qu'elle quittait le corps et montait, mais une corde la retenait attachée au corps. Elle flottait, entendant à peine les gens qui hurlaient en dessous d'elle. Elle se sentait à des milliers de kilomètres de là et a compris qu'elle était en train de mourir.

On l'a amenée à Amma sur une civière. Amma s'est penchée tout près pour qu'elle puisse voir son visage. Appliquant les mains sur sa poitrine, Amma lui a demandé comment elle se sentait. L'air très inquiet, elle a palpé l'arrière du crâne de la dévote et mis les mains sur ses yeux qui se sont fermés instantanément. La dame s'est sentie dans un lieu profondément paisible rempli de lumière dorée pendant un temps qui lui a semblé remarquablement long. Ensuite, Amma a enlevé sa main. Les yeux de la dame se sont ouverts ; elle était revenue dans son corps. Amma lui a embrassé le visage et les mains. Après plusieurs baisers, Amma lui a demandé : « OK ? Encore ? » en l'embrassant à nouveau.

Pour cette dame, Amma était comme un docteur qui examine son patient et l'aide à revenir au monde. « Scanner, vite, vite ! » a dit Amma et on a transporté la dame à l'hôpital. Le scanner CAT a révélé un œdème très important entre le cerveau et la boîte crânienne.

Au service des urgences, son état est redevenu normal et elle a réussi à parler et à bouger les mains. On l'a renvoyée à l'ashram en lui disant de rester allongée pendant trois semaines. Elle passait régulièrement au *darshan* et à chaque fois Amma pratiquait un examen médical à sa façon, en insistant pour qu'elle se repose et porte une minerve quand elle était debout. Au bout de la troisième semaine, Amma lui a demandé si elle avait mal quelque part. C'est à ce moment-là que la dame s'est aperçue que son arthrose avait complètement disparu. Amma lui dit avec un petit sourire taquin : « Peut-être qu'on enlèvera la minerve dans quelques jours, on verra. » Amma lui a permis d'enlever sa minerve la semaine suivante. Pour les docteurs, c'est la grâce qui a guéri cette dame. Quant à elle, elle est sûre de devoir la vie à la grâce d'Amma.

On ne compte plus les moments où Amma est intervenue juste à temps pour éviter le pire. En 2006, on a invité une dévote Sri Lankaise impliquée dans l'organisation du tour d'Australie à offrir une guirlande à Amma à l'aéroport, au moment de son départ pour la prochaine étape. La dame a accepté avec joie et a passé la guirlande au cou d'Amma à l'aéroport, mais à sa grande surprise car c'est inhabituel, Amma a retiré la guirlande et la lui a rendue. Immédiatement après, Amma est allée chercher la fille de cette dame au milieu du groupe d'enfants qui l'attendaient puis en compagnie de la mère et de la fille, elle est allée chercher la grand-mère de l'enfant au milieu de la foule ; elles étaient maintenant quatre. Un peu plus loin, Amma s'est arrêtée et a saisi le mari de la dame avant de les embrasser tendrement tous les quatre. Tout le monde a été surpris de voir Amma aller ainsi chercher les membres de la famille à différents endroits, surtout qu'ils n'étaient pas passés au *darshan* ensemble.

Quelques mois plus tard, le mari de cette femme a eu un accident de travail dans une mine. Il est resté enterré vivant pendant au moins sept minutes ; quand on l'a retiré, il avait perdu connaissance et on l'a emmené à l'hôpital en ambulance. Comme il avait presque toutes les côtes fracturées ainsi que les omoplates, il a été placé dans un coma artificiel pendant plusieurs semaines. Les docteurs réservaient leur pronostic. Même s'il s'en sortait, ils avaient peur qu'il ne reste handicapé à vie.

Toute la ville priait pour sa guérison. Cet homme s'en est sorti étonnamment vite, ce qui reste un mystère pour les docteurs. Il a fallu plusieurs mois avant que la famille se rende enfin compte qu'Amma les avait bénis intentionnellement tous ensemble.

Quand le blessé a été complètement rétabli, le journal local s'est intéressé à cette histoire et cet homme leur a raconté qu'il devait la vie au *sankalpa* d'Amma. Il sentait qu'elle avait eu connaissance de l'accident avant même qu'il ne se produise. En leur donnant un *darshan* familial, Amma lui avait accordé sa bénédiction et sauvé la vie. La famille entière en garde une reconnaissance éternelle à Amma.

Une Européenne qui vit à l'ashram m'a confié qu'elle avait toujours peur de ne pas avoir assez d'argent pour rester en Inde auprès d'Amma. Elle ne voulait pas avoir à retourner dans son pays pour y gagner de l'argent ; tout ce qu'elle désirait, c'était vivre à l'ashram et rester au service d'Amma. Sans en parler à personne, elle priait Dieu en secret de lui trouver une solution. Elle se demandait si Dieu entendait sa prière.

C'est Amma elle-même qui lui a dit un beau jour qu'elle pouvait rester à l'ashram même sans argent. Ses prières avaient été exaucées parce qu'elle s'était abandonnée.

A Bangalore, une dévote en convalescence après une grave opération était incapable de s'asseoir par terre. Pendant qu'Amma était de passage à Bangalore, elle a assisté au programme et, tard dans la soirée, a décidé d'aller dîner. Elle savait qu'il n'y avait qu'une seule chaise dans tout le réfectoire et elle craignait fort de devoir rester debout, ce qui risquait de lui être pénible. Quelle ne fut pas sa surprise, de trouver cette chaise libre. La dévote a alors senti qu'Amma la guidait et la protégeait sur la voie de la guérison, jusque dans les moindres détails.

Pas de doute, la grâce récompensera nos efforts si nous agissons sincèrement, avec un cœur innocent. A l'ashram, une jeune étudiante m'a confié un jour qu'elle avait terminé de rédiger deux devoirs pendant le tour alors qu'elle faisait partie du *staff* (groupe qui suit le tour et travaille pour Amma) et travaillait à temps plein au stand de livres. Elle avait étudié pendant son temps libre dans les conditions les plus rocambolesques – dans un réduit, sous la table – jamais dans le calme. Elle a eu l'heureuse surprise d'obtenir de bonnes notes à ses devoirs. C'est la preuve que la grâce récompense nos efforts.

L'une des *brahmacharinis* qui enseignent à l'Université Amrita, dit que quand elle pense maîtriser le sujet qu'elle va enseigner, le cours ne se passe jamais bien. Mais quand elle voit qu'elle n'y connaît vraiment rien du tout, alors la grâce d'Amma entre en jeu pour boucher les trous et le cours se passe bien.

C'est cette mentalité du « je » ou « mon » qui fait barrage à la grâce de Dieu. Lâcher ce sentiment de notre importance fait des miracles. Amma est le meilleur exemple de ce qui se passe quand on est vraiment désintéressé. Chacune de ses actions est divine. Elle incarne l'amour et la compassion.

Voici l'histoire d'un petit garçon qui rentrait chaque soir du jardin d'enfants avec une fleur qu'il plaçait sur l'autel devant la photo d'Amma. Un jour, sa fleur était vraiment trop sale et sa mère lui a dit de ne pas la mettre. Il a répondu que sale ou pas, elle plairait quand même à Amma. La mère n'a rien trouvé à répondre à cela.

Cette année-là, Amma s'est rendue comme tous les ans à Mumbai (Bombay), et le jeune garçon se préparait à aller la voir. Il a dit à sa mère qu'Amma allait lui rendre toutes les fleurs qu'il lui avait données. « C'est donc pour cela que tu les as mises sur l'autel ? » lui a demandé sa mère.

Le garçon s'en est défendu : « Non! » a t-il répondu. Au moment de passer au *darshan*, le garçon est resté debout la main tendue. Amma lui a versé une grosse poignée de fleurs sur la tête. Comme il gardait la main tendue, Amma lui a mis des fleurs dans la main en refermant bien ses doigts et en pressant les pétales pour les empêcher de tomber. « Bon ! Est-ce que le compte est soldé maintenant ? » a-t-elle demandé. Il s'est tourné vers sa mère comme pour dire : « Tu vois, je te l'avais bien dit ! »

Amma dit qu'elle aime tout le monde de la même façon, mais que parfois l'amour innocent et la dévotion de certaines personnes attirent davantage son attention. Quand Amma a l'esprit attiré par quelqu'un et qu'elle se souvient constamment de lui, elle appelle cela la grâce.

Une fois j'ai vraiment senti que la grâce d'Amma était à l'œuvre. C'était au terme d'un programme de trois jours à Trivandrum. Amma s'était à peine reposée. Certains jours elle n'avait eu qu'une heure de pause entre le programme du matin et celui du soir.

A la fin du dernier programme, elle devait se rendre chez plusieurs particuliers. La matinée était déjà bien avancée quand nous avons pris la route, sans avoir dormi. Avant la dernière visite, Amma a dit qu'elle se sentait épuisée, mais qu'elle ne pouvait pas annuler cette visite, puisqu'elle s'était engagée.

Sur le bord de la route, un homme âgé et quelques dévots se tenaient prêts à monter en voiture pour nous montrer le chemin. Le visage d'Amma s'est illuminé en voyant qu'il s'agissait d'un dévot de très longue date. En nous voyant arriver, les hommes sont montés en voiture à toute vitesse. Quelques secondes plus tard, ils en descendaient pour la pousser dans l'espoir de faire démarrer la batterie. Cela nous a fait rire ; c'est ainsi qu'a commencé la plus mémorable de toutes les visites privées.

Enfin arrivés à destination nous avons été émus par l'importance de la foule qui attendait Amma. C'était un quartier très pauvre où habitaient de nombreux dévots. Nous nous sommes frayé un passage dans la foule. Pour protéger les pieds d'Amma, ils avaient tendu du tissu blanc sur l'allée qui conduisait à une petite maison en bois.

Tout le monde débordait de dévotion et cherchait à s'approcher d'Amma. Il nous a fallu un certain temps pour traverser la foule et arriver à la petite salle de *puja* au centre de la maison. Comme ils en avaient toujours rêvé, le dévot et sa femme ont fait une *pada puja* et accroché une paire de fins bracelets en or aux chevilles d'Amma. Ils étaient incroyablement heureux. Après la *puja*, Amma leur a demandé comment ils allaient. Comme un petit garçon, l'homme a répondu: « Oh, Amma cela fait dix jours que je ne dors pas, rien que de savoir que tu allais venir ! »

En général, Amma prend la famille à part pour un entretien privé de quelques minutes. Mais en jetant un coup d'œil autour d'elle, elle a vu que cette maison ressemblait plutôt à une cabane et ne comportait qu'une seule pièce. Se doutant qu'ils risquaient

de passer encore une nuit blanche, Amma a dit au couple de se reposer après son départ. Elle était inquiète pour leur santé parce qu'elle savait que la femme était diabétique et que le mari avait déjà subi un triple pontage.

La foule attendait avec impatience. Au lieu de se contenter de distribuer du *prasad*, Amma a décidé de donner le *darshan* à tout le monde. J'étais inquiète parce qu'il y avait plus de cent personnes et qu'Amma était très fatiguée. Mais elle voulait bénir chacun individuellement. Dans leur ferveur, tous ces gens qui attendaient le *darshan* nous ont bousculés dans tous les sens.

Je me suis réfugiée un peu à l'écart de la foule. Débordante de dévotion et désespérée, une femme en larmes priait Dieu et lui racontait tous ses problèmes. Bouleversée, notre photographe a entrepris de donner son « *darshan* » à la dame. Je l'ai vue essuyer les larmes de cette femme tout en la serrant dans ses bras. Amma donnait un rapide *darshan* à tout le monde et à moins d'un mètre, dans cette minuscule salle de puja, notre photographe étreignait chaleureusement quelqu'un pour le consoler. Côtoyer Amma et son amour incroyable suffit à faire déborder les cœurs de compassion.

A la fin du *darshan*, nous avons dû retraverser la foule en délire pour remonter en voiture. Je pensais qu'Amma devait être au bord de l'épuisement, mais pas du tout, elle était radieuse. Elle souriait et toute trace de fatigue avait disparu.

« C'était merveilleux. Je suis si contente d'avoir eu l'occasion de me rendre dans un foyer aussi pauvre. Ils ne doivent pas avoir grand-chose pour vivre, pourtant ils m'ont offert ces bracelets en or. En fait, je devrais les leur rendre, mais à la place on peut leur donner de l'argent, » a-t-elle déclaré.

Elle a demandé au *brahmachari* qui était au volant de veiller à ce qu'on prenne en charge tous leurs besoins en matière de santé. Elle voulait qu'on se renseigne pour savoir s'ils avaient besoin de quelque chose et qu'on le leur achète. Je voyais que le cœur d'Amma débordait d'amour et d'inquiétude pour ce couple âgé. Longtemps après les avoir quittés, Amma pensait encore à eux et elle a rappelé au *brahmachari* de ne pas oublier de les aider. Elle dit : « Oh, j'espère qu'ils dorment maintenant, parce que je sais qu'ils n'ont pas dormi et je suis inquiète pour leur santé. »

Amma n'avait elle-même dormi que quelques heures en trois jours, mais elle s'inquiétait du sommeil et de la santé de ses enfants. Je voyais l'esprit et le cœur d'Amma véritablement attirés vers ces dévots innocents et sa grâce se répandre sur eux.

On pense souvent qu'il faut donner à ceux qui le méritent. Mais l'amour d'Amma est sans limite et elle pense que c'est justement à ceux qui ne le méritent pas qu'il faut donner une chance. Autrement, comment pourraient-ils avoir envie de changer ?

Une année, en arrivant aux États Unis, pendant que nous étions en train de remplir les formalités, le fonctionnaire de l'immigration a demandé à Amma si elle voyageait avec son mari. J'ai répondu à sa place avant de lui traduire la question. Je riais toute seule à l'idée d'Amma mariée. Amma aussi a eu l'air surprise quand je lui ai répété la question en malayalam.

Je lui ai répété la question plusieurs fois, mais Amma avait l'air toujours aussi surprise. J'ai fini par la lui redire en anglais ; Amma a gardé le silence. Après avoir quitté l'aéroport, dans le monospace, Amma s'est mise à rire en racontant à tout le monde ce que je lui avais traduit : l'employé du bureau d'immigration demandait si elle avait des cafards sur elle ! Imaginait-il que des cafards s'étaient s'introduits dans nos bagages en Inde ? !

En riant, Amma a dit qu'elle ne savait même plus parler sa langue correctement depuis qu'elle nous entend massacrer le malayalam. Malgré tout, elle nous prend tels que nous sommes et sa grâce nous inonde même si nous faisons des tas de fautes. Amma pourrait avoir des gens jeunes et intelligents à son service, mais pour une raison inconnue (est-ce l'effet de sa charité ou de la grâce ?) elle permet à des gens comme moi de la servir. En vérité, sa compassion et sa patience dépassent son amour.

Chapitre 10

Des efforts incessants

*« Quel est le secret de votre succès ? » demanda-t-on
un jour au Docteur Georges Washington. « Je prie
comme si tout dépendait de Dieu, puis je travaille
comme si tout dépendait de moi. » répondit-il.*

Sur son lit de mort Bouddha remarqua que son jeune disciple, Ananda pleurait en silence. « Pourquoi pleures-tu Ananda ? » demanda-t-il?

Ananda lui répondit : « Parce que la lumière du monde est sur le point de s'éteindre et que nous serons dans les ténèbres. »

Le Bouddha rassembla toute l'énergie qui lui restait pour articuler les dernières paroles qu'il allait prononcer en ce monde : « Ananda, Ananda, deviens ta propre lumière. »

Amma nous rappelle sans cesse la même chose : « En réalité, nous avons tous un potentiel infini en nous. Avec une petite bougie à la main nous nous demandons comment faire pour avancer dans l'obscurité. Mais, il suffit d'avancer pas à pas et l'obscurité disparaît peu à peu. »

Certains veulent atteindre le but sans se donner trop de mal et cherchent toujours des raccourcis. Amma met en garde les paresseux car plus on baisse les prix, plus la qualité des articles diminue. C'est une manière de souligner que la Réalisation du Soi ne se donne pas. Il est impossible de l'exiger, on ne peut pas forcer les choses. Elle découle de l'épanouissement progressif du cœur, ce qui implique des efforts constants de la part du chercheur spirituel. Son application totale vaudra au disciple la grâce du guru. Amma est toujours prête à faire le maximum pour donner l'exemple. Elle était toujours la première à lancer les travaux à l'ashram. C'est elle qui a fait les premières briques pour la construction de l'ashram, elle a été la première à descendre dans la fosse septique pour la nettoyer. Quand les gens ont commencé à venir vivre à l'ashram, Amma leur a dit de ne jamais devenir des parasites et de travailler dur pour subvenir à leurs propres besoins. Elle a toujours montré l'exemple en travaillant plus que n'importe qui. Elle ne se contente jamais de belles paroles, elle enseigne par l'exemple.

Amma a enseigné aux *brahmacharis* l'art de faire des briques avec du sable et du ciment et avait demandé à tous les *brahmacharis* de faire dix briques en notant les bonnes quantités pour que le mélange respecte les proportions de sable et de ciment.

Un *brahmachari* notait les quantités de sable et de gravier qu'il utilisait en traçant des chiffres par terre dans le sable, mais au bout d'un certain temps, il a perdu cette habitude. A un moment donné, il a ajouté un peu trop de ciment et s'est dit qu'il fallait mettre un peu plus de sable et ainsi de suite. Il lui a fallu un certain temps avant de commencer effectivement à fabriquer les briques. Ses dix briques terminées, il lui restait assez de mortier pour en fabriquer encore une dizaine, mais il est allé se reposer dans sa hutte en se disant qu'il avait déjà fait sa part et qu'on ne lui avait pas demandé d'en faire plus. Tant pis s'il restait du mortier.

Quand Amma a vu qu'on avait gâché des matériaux, elle a appelé le *brahmachari* : « Pourquoi tout ce gaspillage ? » lui a-t-elle dit.

« Amma, j'ai fait ce que j'avais à faire. Tu m'as demandé de faire dix briques, et tu vois qu'elles sont faites. Je ne sais pas d'où vient le tas qui reste, » a-t-il répondu.

Amma essaie toujours d'apprendre aux résidents de l'ashram à travailler de façon désintéressée, consciemment et avec vigilance. Ce n'est pas facile parce que nos ego sont tenaces.

En 2006, à Palakkad, à la fin d'un programme, nous nous sommes rendus directement à Trissur. Dans la voiture, Amma a dit qu'elle aimerait voir les *brahmacharis* qui avaient travaillé sans relâche à Nagapattinam à la construction des maisons du tsunami. Tout le long du trajet, elle a pensé constamment à eux et veillé à ce qu'on ne perde pas leur véhicule de vue. Dès notre arrivée, ma première question a été : « Où est-ce que je peux dormir ? » Mais la première question d'Amma a été : « Où sont les *brahmacharis* ? Appelle-les ! » Elle voulait passer un moment avec eux.

Partout où nous allons, à peine arrivée, Amma s'assied pour parler un moment avec les dévots, sans souci de l'heure ni de la fatigue du voyage. En 2005, nous avons pris plusieurs avions et il nous a fallu près de 48 heures pour atteindre Zurich, première étape du tour d'Europe. Chez le dévot qui nous hébergeait, Amma n'a même pas pris le temps d'aller dans la chambre qu'on lui avait préparée. Sachant combien les dévots sont heureux de l'entendre chanter dans leur langue maternelle, elle s'est assise sur le palier avec eux pour répéter les nouveaux *bhajans* en allemand. Bien qu'elle ressente la fatigue physique comme nous tous, Amma a la force mentale de dépasser les limites du corps.

On voit bien qu'Amma se tient toujours parfaitement droite même si elle reste assise plusieurs heures sans bouger. En revanche, lorsque nous sommes sur la scène, je me surprends souvent à m'agiter, alors que j'y reste bien moins longtemps qu'elle. Elle a probablement aussi mal aux jambes que moi, mais elle garde la même position, parfaitement immobile.

Pour la fête d'*Amritavarsham50*, pendant que les programmes se succédaient au cours de quatre jours inoubliables, nous n'avons que très peu mangé et dormi. Après le programme de clôture, Amma s'est reposée un peu avant de rentrer à l'ashram.

Un des *swamis* qui n'a pas souvent cette chance rentrait dans la voiture d'Amma. Il était assis à côté du chauffeur. Amma avait demandé de veiller à laisser le stade impeccable. Peu de temps après le départ, sans prévenir, elle a fait arrêter la voiture et demandé au *swami* de retourner au stade vérifier que les toilettes étaient correctement nettoyées et que nous laissions le stade plus propre qu'avant. Sachant combien elle tenait à montrer l'exemple en laissant le stade en bon état, le *swami* a renoncé de bonne grâce à voyager avec Amma.

Amma a fait monter un autre *brahmachari* à sa place pour continuer la route avec nous. Je pouvais à peine garder les yeux ouverts, mais après avoir donné le darshan à 50.000 personnes, Amma était parfaitement éveillée. Pendant tout le trajet de Cochin à Amritapuri elle ne s'est jamais adossée, restant assise sur le bord de la banquette à discuter avec nous de ce qui s'était passé pendant les quatre derniers jours. Pendant ce temps-là, j'étais affalée de l'autre côté de la banquette, complètement épuisée. Cela arrive souvent. Je suis comme une batterie qui se décharge au bout d'un certain temps, tandis qu'Amma est toujours branchée directement à la Source !

Pendant le tour du nord de l'Inde 2006, à la fin d'un énorme programme public qui avait lieu à Mumbai, nous sommes rentrés à l'ashram de Nerul, dans la banlieue de la ville. Amma ne s'était pas du tout reposée et n'était même pas allée aux toilettes de toute la nuit. En arrivant à l'ashram, elle a filé tout droit à un endroit du hall où on avait laissé traîner un tas de choses inutiles.

Amma a l'habitude d'aller droit où on ne veut pas qu'elle découvre ce qu'on y a caché. Vu la petite taille du hall, elle voulait faire de la place pour que les dévots puissent s'asseoir pendant les programmes qui allaient y avoir lieu. Elle a inspecté tous les recoins du hall, elle est même allée jusque derrière l'ashram. Heureusement, quand Amma se met au travail, il y a toujours beaucoup de monde pour suivre son exemple.

En nettoyant et en mettant de l'ordre, Amma a découvert tous les endroits mal tenus de l'ashram. Des articles de librairie avaient été rangés dans de gros cartons, puis abandonnés là ; elle a donc fait déplacer la pile pour que des dévots puissent s'asseoir à cet endroit. Même après une longue nuit de *darshan* Amma pense toujours aux autres et s'efforce de nous montrer que le travail n'est jamais fini.

Partout où nous allons, Amma est une inspectrice vigilante. N'espérons pas lui cacher quoi que ce soit. Même si Amma n'est pas allée longtemps à l'école, elle sait beaucoup de choses et donne des conseils judicieux dans de nombreux domaines.

A l'ashram de Trissur, les photographes nous ont accueillis avec un puissant barrage de flashes qui m'a aveuglée un moment.

Quelle n'a donc pas été ma stupéfaction de voir Amma s'arrêter juste à la porte de sa chambre pour s'exclamer : « Regarde ! » en pointant du doigt une petite fissure dans le sol en béton. Comment a-t-elle fait pour remarquer cette fêlure alors que j'étais encore à moitié aveuglée par les flashes ? « Ils n'ont pas bien versé l'eau au moment de terminer la chape, » a-t-elle ajouté, déçue par la négligence et le manque de soin des ouvriers. Rien ne peut échapper à sa vigilance constante.

Les rares fois où Amma va à AIMS, les médecins sont fiers de lui montrer la technologie médicale dont ils disposent. Mais au lieu d'admirer l'équipement ultramoderne, en général, Amma remarque les écailles du sol et les plaques qui manquent au plafond. Elle met le doigt sur les négligences.

Elle est constamment en train de nous apprendre à bien faire notre tâche en nous appliquant à ne rien gaspiller.

Un jour à Santa Fé, le darshan du soir s'est terminé très tard, ou plutôt très tôt ; comme d'habitude. Le jour était déjà levé quand Amma a quitté le hall. Pourtant nous ne nous sommes pas couchés directement. Tout le monde était épuisé, sauf Amma. Elle est allée faire une petite incursion à la cuisine et a pris de la crème glacée dans le freezer. Lakshmi s'est inquiétée de voir ce qu'Amma mangeait comme petit-déjeuner et s'est précipitée dans la pièce où je dormais pour me réveiller en s'exclamant qu'Amma ne voulait pas l'écouter ! A moi de venir immédiatement pour tenter d'empêcher Amma de manger de la glace.

La perspective d'avoir à trouver le moyen d'empêcher la Reine de l'univers de satisfaire son envie de crème glacée ne me réjouissait guère.

Heureusement pour moi, le temps que j'arrive à la cuisine, Amma avait cessé de manger de la glace. Quand je suis arrivée, Amma était entourée de quelques personnes à qui elle racontait des histoires du passé, entre autres celle d'un *brahmachari* qu'elle avait surpris à la cuisine de l'ashram en Inde les mains dans le dos, un pied sur un sac de riz et faisant de son mieux pour prendre un air innocent. Voyant bien qu'il avait quelque chose à se reprocher elle s'était mise en devoir d'aller voir derrière les sacs, dans la petite réserve. Pour le plus grand malheur de ce *brahmachari*, elle avait tout de suite trouvé le plat qu'il venait de cacher. En soulevant le couvercle, elle avait découvert une grosse quantité de riz, recouvert de *sambar* en poudre, cachée sous une petite épaisseur supplémentaire de riz. Elle avait reproché au *brahmachari* d'avoir abusé de cette poudre si savoureuse dont on sait bien qu'elle détourne du *brahmacharya* (célibat). A cette époque, on manquait parfois de nourriture, et nous avions tous nos petites ruses personnelles pour chaparder un peu dans les maigres réserves de la cuisine. Il est inutile d'essayer de cacher quelque chose à Amma.

Il y a des années, pendant la première retraite en Australie, nous étions hébergés à Somers, un village de la côte, près de Melbourne. Après le darshan du matin, Amma est retournée chez ses hôtes. En entrant dans la cuisine, elle est allée droit à la poubelle de compost. En y plongeant le bras, elle a ressorti une demi- noix de coco.

« Qu'est-ce que c'est ma fille ? a-t-elle demandé à la cuisinière.

- C'est une demi noix de coco, Amma, a répondu la cuisinière.

- Et qu'est-ce qu'elle fait dans la poubelle ?

- Oh ! Il y a un peu de moisi dessus. »

Amma a pris une cuillère pour ôter le petit bout qui était moisi.

« On peut râper ce qui reste et l'utiliser pour cuisiner. Ne gaspille pas la nourriture, ma fille, » a-t-elle ajouté.

Amma a vu beaucoup de gens souffrir de la pauvreté et manquer du strict nécessaire, elle est donc très sévère quand elle nous voit jeter des choses inutilement. Tous les jours, des centaines de gens qui n'ont pas de quoi manger ou s'acheter des médicaments lui racontent des histoires à fendre le cœur. Amma saisit donc la moindre occasion pour nous montrer l'exemple et nous enseigner qu'il ne faut pas gaspiller. Elle fait absolument tout ce qu'elle peut pour nous guider dans la bonne direction.

Tous les jours, des centaines de gens lui posent des questions et lui écrivent des lettres. Amma essaie de répondre à tous, mais à sa façon. Même si nous ne recevons pas toujours de réponse directe, soyons sûrs qu'elle nous entend. Elle dit que dans certains cas il nous faut tirer nous-mêmes les leçons de nos expériences.

En 2004, Amma pressentait une interruption possible du tour des USA. Le Parlement International des Religions a invité Amma à faire le discours d'inauguration à une conférence qui avait lieu à Barcelone en Espagne, en plein milieu du tour. Au début, elle a hésité, mais elle a fini par accepter d'y participer pour donner à ses enfants d'Europe la joie de la voir encore une fois cette année-là. Des dévots sont venus de partout dans le monde, de Finlande, d'Angleterre, d'Allemagne, de France, du Danemark et de Suisse. Presque tous les pays d'Europe étaient représentés. Tout le monde était ravi de cette occasion inespérée de revoir Amma.

Amma avait annoncé qu'elle donnerait un *darshan* improvisé à côté du hall après son discours. Elle ne donnerait pas de *prasad*, juste un rapide *darshan* à ceux qui le voulaient. A la fin, on a invité Amma à donner le *darshan* sous une tente installée par une communauté Sikh venue de Londres pour servir à manger aux participants de la conférence. Amma a donné un long *darshan* plein d'amour aux milliers de gens qui se sont présentés. Il n'y avait pas de queue ni de tickets comme pour les *darshans* officiels ; les *swamis* et les musiciens ont chanté sans sono dans cette tente mal éclairée.

A la fin du *darshan*, Amma a donné à souper à tous ceux qui étaient encore sous la tente et veillé au partage et au service. On avait prévu au menu une pomme, trois *chapattis* et du *curry*, mais les quantités ont été revues à la baisse et chacun a reçu un quart de pomme, un *chapatti* et un peu de *curry*. Pendant plus d'une heure, Amma a pris la peine de servir à un millier de personnes la nourriture prévue pour cent cinquante convives. Tout le monde était ravi d'être servi avec autant d'amour, et étonné qu'Amma puisse donner autant de sa personne.

C'est à trois heures du matin qu'au bord de l'épuisement nous avons regagné la maison où nous étions hébergés. Nous étions arrivés directement des États Unis le matin même et nous devions repartir quelques heures plus tard. Pourtant Amma était toujours en pleine forme. Contrairement à nous tous, elle n'avait pas sommeil et voulait nous parler de plusieurs thèmes abordés dans les discours.

Personne ne peut suivre le rythme Amma : il faut plusieurs personnes qui se relaient. L'un des *swamis* a pris Amma par le bras pour la conduire à la chambre où elle était censée se reposer en la suppliant d'essayer de dormir un peu. Avec beaucoup de d'amour, il a doucement refermé la porte sur Amma. Nous nous sommes retirés dans les chambres qu'on nous avait préparées, très contents de savoir Amma bien installée dans sa chambre et de pouvoir enfin dormir.

Nous avons très vite sombré dans le sommeil, mais peu de temps après, j'ai été réveillée par Amma qui se tenait dans l'encadrement de la porte et riait de nous voir toutes allongées en rang comme des sardines. Comme tout le monde était complètement épuisé, personne d'autre ne s'est réveillé. Me persuadant qu'il fallait bien laisser un peu de liberté à Amma, je ne l'ai pas suivie !

Quand nous nous sommes levés quelques heures plus tard, nous nous sommes rendu compte qu'Amma n'avait pas fermé l'oeil de la nuit. Nous avons repris l'avion pour rentrer aux États-Unis et continuer le tour des USA ; nous étions restés à peine 36 heures à Barcelone. Il n'y a qu'Amma pour prendre l'avion et parcourir la moitié du globe dans l'unique but de faire plaisir à ses enfants.

Elle ne se lasse jamais de servir autrui. Pendant les jours de *darshan* public à Amritapuri, Amma prend les gens dans ses bras sans interruption du matin au soir. Après ses longues séances de *darshan*, elle est sans doute fatiguée, mais par compassion, elle va directement sur scène pour les *bhajans,* montrant ainsi l'exemple à tous. Amma ne perd jamais une occasion de motiver ses enfants ; tel est l'amour inépuisable des Êtres qui ont réalisé Dieu.

Notre destin reflète nos efforts passés. Pour mériter la grâce, c'est maintenant et si possible dès l'enfance que nous devons fournir des efforts.

Voici l'histoire d'une petite fille de huit ans qui séjournait à l'ashram en Inde et qui avait très envie de participer à l'*archana*

au petit matin. Elle accompagnait sa mère presque tous les deux jours. Sa mère ne l'obligeait jamais à venir, mais le matin, quand elle réveillait sa fille, celle-ci se levait immédiatement, prête à partir, le livre d'*archana* sous le bras. Au début, elle pensait que sa fille piquerait du nez dès les premiers noms, mais à son grand étonnement, la petite suivait jusqu'au bout. Quelquefois, elle perdait le fil et demandait à sa mère où on en était, alors la mère devait être plus attentive que d'habitude.

Après les *1000 noms* et l'*arati*, elles allaient dans le sanctuaire pour contempler la belle statue de Kali. La première fois qu'elle est allée à l'*archana*, la fillette a dit à sa mère qu'elle avait du mal à prononcer tous ces mots difficiles. Celle-ci lui a assuré que c'était normal et que la plupart des adultes ne savaient pas non plus les réciter correctement. Ingénument, la petite a répondu qu'elle récitait son propre mantra après chaque nom. Cet l'effort supplémentaire a beaucoup touché sa mère.

Quand nous voyageons en Occident, les gens me demandent souvent pourquoi nous travaillons si dur. Mais quand on voit que, sans jamais se reposer, Amma est toujours à la recherche d'un nouveau moyen de servir les autres, comment rester assis à ne rien faire ? Comment lui rendre ne serait-ce qu'une fraction de ce qu'elle nous a donné ?

Quand j'ai quitté le lycée, je me suis inscrite pour entrer dans une école d'infirmière, mais il y avait trois ans de liste d'attente. J'ai travaillé pendant deux ans et dans ce court intervalle, je me suis rendu compte que la vie dans le monde manquait de profondeur. Je suis restée plusieurs années sans chercher à travailler et c'est à ce moment là que j'ai rencontré Amma.

Amma m'encourageait toujours à travailler dur et c'est ainsi que j'ai compris quelle était ma voie. En servant les autres, on arrive à s'oublier soi-même. Quand on passe tout son temps à essayer de résoudre les problèmes des autres, alors Dieu s'occupe automatiquement de tout pour nous.

Les maîtres réalisés nous font un don qui n'a pas de prix en nous faisant comprendre le sens de la vie. J'ai l'impression que tout ce que nous pouvons offrir en retour, c'est de travailler un peu pour une bonne cause. Un tout petit effort, ou même la seule intention de faire tout ce que nous pouvons, nous vaudra la grâce.

« Qu'est ce que la grâce et comment opère t-elle? » a-t-on un jour demandé à Amma.

« La vie est une grâce. Nous avons besoin de la grâce de Dieu pour tout ce que nous faisons. Sans la grâce, nous ne pourrions pas vivre en ce monde. La grâce ne manquera jamais aux cœurs remplis de compassion, » a répondu Amma.

Chapitre 11

Le rythme de la vie

*Savoir vivre, ce n'est pas courir le plus vite
possible ou grimper le plus haut possible,
c'est rebondir le mieux possible.*

Anonyme

Selon Amma tout, dans la nature, a un rythme : le vent, la pluie, l'océan et la croissance des plantes. La vie est rythmée par le souffle de la respiration et les battements du cœur. Nos pensées et nos actions rythment notre vie comme une mélodie. Si nous ne respectons pas le rythme de nos pensées, notre façon d'agir s'en ressent et la vibration même de notre vie s'en trouve déséquilibrée.

Respectons le rythme de l'esprit et du corps pour rester en bonne santé et vivre plus longtemps ; l'humanité et la nature en bénéficieront aussi. Si cette cadence se perd, des tremblements de terre, des tsunamis et d'autres catastrophes se produiront. L'équilibre de la nature dépend de l'humanité.

Quand nous violons les lois de la nature, nous en souffrons ; mais cette souffrance sert à nous rappeler que notre façon de vivre est incorrecte. Plus nous persistons dans l'erreur, plus nous aurons à souffrir des conséquences. Tous nos actes, bons ou mauvais, nous reviennent immanquablement.

L'histoire suivante a été relatée aux informations. Un cambrioleur est entré dans un magasin, s'est dirigé vers le caissier et a mis un billet de 20 dollars sur le comptoir. « Donnez-moi tout l'argent qu'il y a là-dedans – et vite,» a exigé le cambrioleur en voyant le caissier ouvrir le tiroir-caisse. Comme il était armé, le caissier s'est dépêché de lui donner toute la recette. Après avoir fourré l'argent à toute vitesse dans sa poche, le voleur est sorti en courant. Mais dans sa hâte, il a commis une petite erreur : il a oublié de reprendre le billet de 20 dollars qu'il avait mis sur la table.

Au moment du cambriolage, il n'y avait que 14 dollars dans la caisse si bien qu'au lieu de perdre de l'argent, le magasin avait en fin de compte gagné 6 dollars. Quand nous imposons égoïstement notre volonté et que nous perturbons le cours naturel des évènements en essayant de prendre un raccourci, cela se termine généralement mal pour nous et nous souffrons. Cherchons au contraire les occasions de rétablir l'équilibre et l'harmonie à la fois dans notre vie et dans le monde.

Voici l'histoire d'une petite chienne qui a survécu aux vagues mortelles du tsunami. On l'a appelée Bhairavi à cause de sa vitalité. Comme on ne pouvait pas la garder à l'ashram, une dévote au bon cœur l'a recueillie. La dame souffrait d'une maladie chronique ; quand elle a eu les pieds couverts de plaques rouges qui ressemblaient à de l'eczéma, elle a tout d'abord cru que c'était simplement à cause de cette maladie. Elle a consulté de nombreux docteurs qui n'ont pas su lui dire de quoi elle souffrait ni lui donner de remède. Cela a duré près de 18 mois.

La chienne mordillait tout ce qu'elle trouvait. Un jour, elle a rongé une paire de vieilles sandales en caoutchouc que sa maîtresse adorait. Sa peau s'est immédiatement couverte de plaques rouges. Par contre les plaques sur les pieds de la dévote ont complètement disparu. Elles étaient dues à une allergie aux chaussures. Soudain le mystère des étranges symptômes s'est éclairci et cette dame a été débarrassée de ce problème. Elle avait sauvé la vie de la chienne et celle-ci lui a rendu service en retour.

Les êtres humains ont tendance à se trouver exceptionnels. Mais Amma dit que même les vers qui vivent dans les excréments ont une famille qu'ils aiment. Quelle différence y a-t-il entre eux et nous ? Aucune, si ce n'est que les êtres humains sont doués de la faculté de discerner entre le bien et le mal.

Dès qu'on essaie de cultiver le discernement, il se transforme naturellement en compassion. Élevons-nous au-dessus de toutes les bassesses profondément ancrées en nous et qui nous enchaînent, afin de nous épanouir doucement, comme le bourgeon d'une fleur ravissante.

La grâce de Dieu afflue vers ceux qui cultivent et expriment la compassion envers l'humanité souffrante. Sans discernement, nous stagnons comme des flaques polluées. Il n'y a alors aucune différence entre les animaux et nous, sinon que ceux-ci sont capables de manifester plus d'amour désintéressé que nous.

« Les animaux n'augmentent pas leur prarabdha karma, contrairement aux humains, » a dit Amma à quelqu'un qui voyageait avec elle en voiture.

Quand les animaux sont malades, ils jeûnent. Personne ne peut leur faire manger quoi que ce soit quand ils laissent instinctivement leur système digestif au repos pour se soigner. Mais il n'en va pas de même pour les êtres humains. Même quand notre corps nous indique que nous sommes malades, que nous devrions nous mettre à la diète, il nous arrive d'ignorer ce signal. Nous nous détruisons en continuant à manger et nous ne permettons pas à notre organisme de se régénérer.

Les animaux savent intuitivement ce qu'il faut faire. Ils suivent leur instinct naturel, au contraire des êtres humains, esclaves de leur mental. Nous obéissons souvent aux désirs du corps et aux caprices du mental. En n'écoutant pas la voix du bon sens, nous nous coupons complètement de notre intuition supérieure et nous ne sommes plus en harmonie avec elle. Dans cet état, le risque d'accident ou de maladie augmente. Il convient d'affiner notre intuition et d'apprendre à nous mettre en harmonie, à la fois physiquement et mentalement.

La douleur n'est pas toujours une ennemie ; elle peut se révéler une grande amie aux enseignements salutaires. Un européen qui suivait le tour d'Amma s'est fait une méchante fracture de la cheville en ratant un trottoir. Malgré la douleur, il a tout de suite eu conscience que cet accident était un signe du destin. Il a essayé de s'abandonner complètement à son sort et de faire contre mauvaise fortune bon cœur. Ne pouvant plus courir à droite et à gauche, il a dû ralentir son rythme de vie. Ne pouvant plus subvenir lui-même à ses besoins essentiels, il a été contraint d'accepter l'aide des autres. Il s'est rendu compte qu'il pouvait être reconnaissant pour bon nombre de choses qu'il avait auparavant considérées comme allant de soi. N'étant plus autonome, il a appris à cultiver la patience et la compassion envers ceux qui avaient les mêmes difficultés que lui. Il a révisé ses jugements et adopté une attitude de témoin pour observer son aventure et la considérer comme un cadeau en dépit des apparences.

Nous désirons souvent changer le monde extérieur, les autres, sans nous transformer. Mais Amma nous rappelle que si nous désirons vraiment changer le monde, la première chose à changer, c'est nous-mêmes ! Le monde extérieur changera ensuite automatiquement. En fait, c'est souvent la vie qui nous oblige à évoluer en nous mettant devant le fait accompli, pour que nous approchions de l'état de perfection.

« Nous n'avons pas à mettre de l'ordre dans le monde, car le monde est l'ordre incarné. C'est à nous de nous mettre à l'unisson », disait Henry Miller. Pour que notre corps et notre mental retrouvent leur équilibre intérieur et l'harmonie extérieure, essayons d'obéir à un dharma de base et apprenons à nous comporter correctement. Acceptons de bonne grâce, avec humilité et discernement, les situations auxquelles nous sommes confrontés ; la vie nous infligera moins d'épreuves.

Les rares êtres qui ont atteint la réalisation de Dieu sont arrivés à une compréhension absolue ; ils jouissent d'un équilibre intérieur parfait et sont en harmonie avec les vibrations de la vie au sens large. Ils font confiance à leur intuition divine et s'abandonnent complètement à une puissance supérieure.

Même si Amma n'a pas à proprement parler pratiqué de longue sadhana, elle a atteint le sommet de l'existence humaine en comprenant sa véritable nature. Pendant un certain nombre d'années, on a pris sa dévotion passionnée pour de la folie. Elle n'acceptait que la nourriture offerte par les animaux qui l'entouraient et refusait ce que les êtres humains lui donnaient. Elle était incapable d'accepter quoi que ce soit de quiconque, parce que personne ne comprenait ce qui lui arrivait. Seule la nature la comprenait. Les oiseaux pêchaient des poissons pour elle et les vaches s'approchaient pour lui offrir leur pis. Parce qu'elle était en harmonie avec le rythme de la vie, Mère Nature prenait soin d'elle et pourvoyait à tous ses besoins.

A cette époque, les deux chiens qui accompagnaient Amma restaient constamment auprès d'elle. Amma était souvent perdue dans un monde d'extase, allongée sur le sable ou au bord de l'eau. Les deux chiens se relayaient pour veiller sur elle et aller lui chercher de la nourriture, grondant dès qu'un inconnu s'approchait. Leur amour pour Amma ne s'est jamais démenti. Quand Amma se retirait de ce monde de peine et de douleur pour entrer en samadhi, ils attendaient tranquillement qu'elle en sorte.

A une époque, Amma ne s'est nourrie pendant plusieurs mois que de feuilles de tulasi. Elle a ainsi prouvé que si le mental et l'âme sont en harmonie avec la vibration divine intérieure et le rythme de la création, le corps n'a besoin que de très peu de nourriture et peut même s'en abstenir.

Maintenant, Amma mange et dort un peu presque tous les jours parce que nous insistons. Pour se consacrer complètement au service du monde, elle descend du royaume supérieur de l'extase. Elle renonce à la béatitude permanente pour se mettre à notre niveau d'existence et nous inciter à aller plus haut. Elle a beau être parmi nous, s'habiller comme nous, et même manger avec nous, son esprit demeure parfaitement établi dans un monde différent.

Une femme a un jour demandé à Amma : « Comment se fait-il que parfois, Amma ne fait pas attention du tout à la propreté tandis qu'à d'autres moments, elle remarque la moindre poussière ?
- Quelquefois, je suis dans votre monde et à d'autres moments, je suis dans le mien, » lui a-t-elle répondu.

Quand nous voyageons avec Amma en Inde, nous faisons souvent une pause au bord de la route en fin d'après-midi pour méditer et boire du chai. Nous avons le plaisir de prendre quelque chose de chaud et Amma nous donne des conseils spirituels au cours d'une séance de questions-réponses. Quelquefois elle demande simplement à quelqu'un de raconter une histoire. A l'occasion d'une de ces pauses, tous les passagers étaient rapidement descendus des neuf bus pour trouver une place à côté d'Amma.

Une fois Amma assise, une des filles qui étaient à côté d'elle a essayé d'arracher un petit chardon qui poussait tout près de l'endroit où Amma était assise. Amma l'en a tout de suite empêchée et la fille a fait remarquer que ce n'était qu'une mauvaise herbe, mais Amma lui a rappelé que tout est animé par une même étincelle de conscience et que la plante souffrirait si on l'arrachait.

Amma voit l'essence divine de toute chose et connaît la souffrance des plantes ou même des feuilles. Pour elle, la Conscience suprême n'est pas un simple concept, c'est quelque chose qui vibre partout et en tout. Cette connaissance du « Soi » dévoile tous les secrets de la nature.

En 2006, pendant une pause au cours du tour du nord de l'Inde, Amma a voulu distribuer à tout le monde du prasad spécial qui provenait d'un temple. Elle a ensuite appelé les policiers de l'escorte et leur a également donné du prasad.

Un chien s'est approché d'Amma qui insisté pour qu'il reçoive sa part. Quelqu'un lui a mis de la nourriture par terre, mais Amma voulait que le chien mange dans une gamelle et elle lui a servi du prasad sur un couvercle en plastique bleu. Elle a attendu qu'il lèche le récipient jusqu'à la dernière miette, puis a dit de laver le couvercle correctement et de ne pas le jeter. Nous avons tous fait la grimace ; nous étions horrifiés à la pensée que le récipient serait remis en service et qu'il pourrait bien nous servir d'assiette la prochaine fois. La leçon d'Amma était très claire. Il faut traiter les animaux avec autant de respect que les êtres humains et voir la même essence divine en tout.

Amma sait que Dieu n'est pas assis là-haut sur un trône doré. La lumière de la conscience brille en tout, objet inanimé ou créature animée. Malheureusement, nous n'en avons pas conscience.

Il y a plusieurs années, en Hollande, pendant le tour d'Europe, Amma est allée directement dans le jardin d'un dévot pour y cueillir une pomme, sur un petit arbre qui croulait sous les fruits. Elle a ensuite demandé pardon à l'arbre de lui avoir pris un fruit. Elle a mangé la moitié de la pomme et a donné le reste en prasad à ceux qui se trouvaient là. En général, elle ne mange pas de pommes, mais cet arbre l'avait sans doute attirée.

Depuis, quand nous allons en Hollande, dès qu'elle arrive dans cette maison, Amma va tout de suite dans le jardin. Elle ne cueille qu'une pomme, toujours sur le même arbre. C'est peut-être bien la seule fois de l'année qu'Amma mange un morceau de pomme. Amma dit que les fruits sont vraiment délicieux quand ils sont bien mûrs, mais elle est triste de cueillir quoi que ce soit.

Dans la nature, certaines choses sont si éphémères qu'elle préfère les laisser en vie.

Mère Nature a un nombre incalculable de leçons à nous donner à condition que nous y prêtions attention. Un soir, au cours d'un programme public qui avait attiré une foule de gens, les organisateurs avaient, comme c'est la coutume au Kérala, amené un éléphant. Nous étions descendues de la voiture et je suivais Amma à travers la foule. Ravie de voir cet éléphant, Amma est allée lui dire bonjour en passant. « Est-ce que tu as quelque chose à donner à l'éléphant ? » a-t-elle dit en se retournant vers moi.

La voiture était loin et j'ai dû avouer à Amma que je n'avais rien à donner à l'éléphant.

Comme vous le savez peut-être, Amma adore nourrir les éléphants. Malheureusement, je n'étais absolument pas préparée à cette rencontre. Je n'ai pas l'habitude d'emporter un gros régime de bananes pour monter sur la scène. Amma n'en croyait pas ses oreilles, elle a répété sa question : « Tu n'as rien à donner à l'éléphant ? »

Je n'ai pas pu m'empêcher de rire ; j'étais vraiment idiote d'avoir oublié la nourriture de l'éléphant. Et vous savez ce que mange un éléphant !

Très déçue, Amma tendait les mains vers l'éléphant pour lui montrer qu'elle n'avait rien à lui offrir. Après l'avoir quitté, Amma n'arrêtait pas de se retourner pour s'excuser de ne rien avoir à lui donner ; elle faisait de petits gestes dans ma direction, comme pour faire comprendre à l'éléphant que c'était de ma faute.

Cela m'a montré qu'il faut être prêt à tout dans la vie spirituelle. Qui peut prédire quels défis la vie nous réserve… et si nous n'allons pas croiser un éléphant affamé !

Un jeune malaisien m'a raconté comment il a découvert la splendeur de la nature. Il avait acheté un petit plant de tulasi à un programme d'Amma et comme il connaissait le caractère sacré de cette plante, il avait essayé pendant quinze jours de lui prodiguer amour et attention. Il l'arrosait tous les jours à la même heure, mais les feuilles se desséchaient, jaunissaient et se fanaient.

Il s'est rappelé que le *tulasi* aime le son des *mantras*, alors il a chanté un peu et récité quelques *mantras*, mais la plante restait étiolée. Dans sa naïveté, il a pensé qu'il n'avait peut-être pas chanté assez fort ni assez longtemps. Il avait peur que la plante ne meure. Tout à coup, il a eu l'idée de placer le *tulasi* à côté de son ordinateur pour lui faire écouter un CD d'Amma.

Pour rassurer la plante, il lui a dit que c'était ce qu'il pouvait faire de mieux pour l'aider à se remettre. Fatigué de sa journée de travail, il s'est assoupi pendant deux heures en laissant la musique. En allumant la lumière à son réveil, il a vu que la plante avait l'air en forme et que ses feuilles n'étaient plus fanées. Incrédule, il s'est frotté les yeux pour s'assurer qu'il était bien réveillé. Mais la plante semblait ressuscitée et les feuilles avaient reverdi. Cela lui a donné un aperçu du pouvoir magique du son.

Deux semaines se sont écoulées pendant lesquelles il a oublié cet incident. La plante restait dehors et il l'arrosait tous les jours. Mais elle s'est à nouveau étiolée et toutes les feuilles ont jauni alors que les autres plantes n'avaient pas l'air de souffrir. Il a décidé de la rentrer à nouveau ; ses parents ont cru qu'il devenait fou en le voyant installer avec de grandes précautions sa plante à côté de l'ordinateur, pour lui faire écouter des bhajans.

Il dit à sa mère, qui n'avait jamais aimé les bhajans, qu'il allait lui apporter la preuve de leur pouvoir extraordinaire. Elle refusait d'admettre que les vibrations des bhajans aient un pouvoir sacré capable de sauver la plante. D'origine chinoise, elle n'aimait pas du tout la musique indienne et demandait constamment à son fils de baisser le volume quand il écoutait des bhajans.

Il lui a dit de bien regarder la plante et de revenir une heure plus tard pour constater l'effet des bhajans. Quelle ne fut pas sa stupéfaction de voir la plante régénérée et les feuilles reverdies. Elle avait ainsi la preuve de l'effet purificateur des vibrations des bhajans et a ensuite laissé son fils écouter les bhajans aussi fort qu'il le voulait. Grâce à cette expérience, le jeune homme a compris quelque chose d'important. En réfléchissant à l'impact des bhajans sur la plante, il a imaginé l'effet produit sur les auditeurs et sur l'environnement quand Amma chante des bhajans tous les soirs.

La vie n'atteint la perfection que quand l'humanité et la nature sont en harmonie. Quand la mélodie et le rythme s'accordent, la musique devient belle et agréable à l'oreille. De même, le chant de la vie se fait doux quand les êtres humains vivent en accord avec les lois de la Nature.

Chapitre 12

Défis

*La personne la plus difficile à supporter est sans
doute pour vous celle qui vous regarde chaque
matin dans le miroir, quand vous vous rasez.*

Anonyme

L es gens demandent souvent à Amma comment vivre correctement en ce monde. « Vivez dans le monde comme une compagnie d'oiseaux détachés de tout et prêts à s'envoler à n'importe quel moment. » répond Amma.

Nous étions à Trissur pour un programme en 2006, il faisait une chaleur suffocante. Des membres de la famille d'Amma sont venus la voir ; sachant qu'il n'y avait plus de place dans les chambres et ne voulant pas s'imposer, ils se sont contentés de demander deux nattes pour s'allonger par terre ; peu leur importait de dormir à la belle étoile.

Si nous envisageons toutes les situations de manière positive, nous verrons partout la main de Dieu à l'œuvre. S'il nous a été donné de naître en tant qu'être humain, c'est pour nous donner la possibilité de nous mesurer aux difficultés et de les dépasser, pas pour les fuir. La grâce de Dieu nous donne toujours la force de faire face à ce qui nous arrive.

Amma nous rappelle que la vie peut nous réserver des surprises désagréables. En fait, il est possible que nous ayons à vivre plus de situations difficiles que de situations faciles. Plaisir et douleur font partie de la vie. Apprenons à utiliser ces difficultés pour aller vers la victoire. Pour y arriver, nous avons besoin d'un intellect capable de discernement et bien établi dans les principes spirituels.

Un jeune homme élevé au sein d'une communauté spirituelle avait été très tôt confronté à des difficultés. Elevé par sa mère dans un ashram, il avait 16 ans quand le guru qui dirigeait cet ashram avait quitté son corps. Ce deuil l'avait catapulté dans une profonde tristesse et plongé dans un univers de drogue et de plaisirs matériels. Il avait ensuite compris que ce mode de vie destructeur ne lui apportait qu'un profond sentiment de vide mais il ne savait pas comment sortir de ce cycle infernal de drogues et de fêtes.

Un jour, sa mère l'a emmené voir Amma à Londres. Dans le hall, il a regardé une vidéo du tsunami qui a changé sa vie. Il a pleuré à chaudes larmes en voyant qu'il gâchait sa vie pendant qu'ailleurs, des gens mouraient. Il désirait intensément soulager la misère. Pendant le programme, il a vu des gens filmer et comme il venait de terminer des études en technologie des médias, il s'est demandé s'il pourrait utiliser ses compétences dans ce domaine. Trop timide pour aller voir Amma, il n'a rien dit à personne.

Sa mère lui a suggéré d'aller au dernier programme du tour, à Dublin. Pendant le voyage, le jeune homme a fait la connaissance d'un membre de l'équipe vidéo d'Amritapuri. Dès leur arrivée, le jeune homme s'est retrouvé assis à côté d'Amma à qui on a expliqué qu'il s'y connaissait un peu en vidéo et désirait faire partie de l'équipe. Amma lui a proposé de venir en Inde après le tour, s'il le souhaitait. Ce jeune homme a accepté la proposition et fait maintenant partie de l'équipe qui filme Amma. Il espère passer plusieurs années à voyager avec Amma pour renforcer ses bases spirituelles et se préserver de la tentation de reprendre ses vieilles habitudes. Voici ce que conseille Amma:

« Quand des difficultés se présentent, il y a deux façons de réagir. On peut avoir peur et prendre ses jambes à son coup, ou bien prendre son courage à deux mains pour essayer de dépasser la peur. En choisissant la première solution, nous perdons toute notre force, nous ne sommes plus que des feuilles mortes balayées par le vent. Certaines choses sont inévitables. Celui qui essaie de s'enfuir finit par tomber d'épuisement. Essayons au contraire de rassembler nos forces intérieures et redressons-nous pour passer à l'action et répandre le parfum de l'oubli de soi et de l'amour. C'est seulement quand poindra la lumière de l'amour que l'ombre de la peur disparaîtra. »

Au début de ma vie à l'ashram, j'avais plusieurs *sévas*. Cela allait de l'entretien des toilettes à la préparation des légumes en passant par le repassage des habits d'Amma. J'ai aussi longtemps préparé le thé des ouvriers et des boissons pour les résidents. Je n'ai jamais été une grande buveuse de thé, ce qui était dommage pour tout le monde car je n'ai jamais su faire un thé digne de ce nom. Les ouvriers se plaignaient souvent que mon thé était infect.

Un jour, on m'a demandé de faire du thé pour Amma. Elle ne l'a pas bu tout de suite, alors je l'ai fait réchauffer en rajoutant un peu de lait. Je suis sûre que ce thé n'était pas bon, mais quand un enfant offre quelque chose à sa mère avec tout son cœur, elle l'accepte gentiment. Amma a bu mon horrible mixture en disant qu'elle le trouvait vraiment délicieux. Je savais qu'elle disait cela uniquement pour me faire plaisir.

Dans les premiers temps de l'ashram, Amma nous avait dit de nous abstenir de thé et de café. Sachant qu'il n'est pas bon pour des chercheurs spirituels de devenir dépendants de ces boissons, nous buvions un mélange de lait chaud et d'eau. A cette époque, c'était à moi de préparer ces boissons.

Je me souviens avoir fait, un jour, l'éloge d'un *brahmachari* devant Amma : « Ce gars ne prend pas de sucre avec son lait, c'est vraiment formidable ! Qu'est-ce qu'il est discipliné ! »

Amma n'était pas d'accord. « Tout le monde doit mettre du sucre dans son lait ! » a-t-elle dit. Elle sait bien que l'ego peut s'enorgueillir d'être plus discipliné que les autres. Elle veut que nous soyons dans le juste milieu, ni trop, ni trop peu. Ni trop peu de sommeil, ni trop de sommeil. Amma est dotée d'un très grand bon sens. Selon Amma, la véritable spiritualité c'est le pur bon sens.

Comme on ne servait pas de thé à l'ashram, certains allaient dans la famille d'Amma pour se faire du thé ou du café. Quand elle s'en est rendu compte, elle nous a grondés et nous a dit de ne plus recommencer. Mais malgré tout, certains s'éclipsaient de temps en temps pour se préparer une boisson. Amma était très fâchée et elle a voulu en parler sérieusement. Tous les 14, nous nous sommes retrouvés dans le Kalari, et avons décidé de promettre de ne plus boire ni thé ni café. Chacun à notre tour, nous en avons fait le serment.

Quand son tour est arrivé, l'un d'entre nous a dit : « Je promets d'*essayer* d'arrêter de boire du thé et du café. »

Tout le monde a réagi avec véhémence : « Non, non, non ! Tu n'as pas le droit de dire cela ! »

Mais cette même personne a protesté : « Je refuse de faire une promesse que je ne peux pas tenir. » A la fin, la plupart d'entre nous a bel et bien promis de s'abstenir de caféine, et nous sommes restés plusieurs années sans prendre ni café ni thé.

Pour ma part je suis restée fidèle à ce vœu pendant près de 15 ans. Je n'ai accepté d'en prendre que très occasionnellement, quand je sentais que j'allais offenser quelqu'un si je refusais. Jusqu'au jour où j'ai commencé à m'asseoir à côté d'Amma sur la scène lors des programmes publics qui avaient lieu à l'extérieur de l'ashram. J'étais habituée à bouger et à être toujours occupée, alors quand il m'a été tout à coup demandé de rester assise quelques heures, je me suis découvert une envie irrésistible de dormir. J'étais très attachée au fait de dire : « Je ne bois ni thé ni café. » L'idée que j'étais très avancée spirituellement, puisque je ne prenais pas de caféine, renforçait mon ego !

Finalement, résolue à briser mon attachement à l'abstinence de caféine, je me suis mise à prendre un peu de café, juste de quoi rester éveillée. Il y a environ 8 ans, pendant un programme à Bangalore, j'avais pris une petite tasse de café avant de monter sur la scène, ce que je n'avais pas fait depuis des années. Pendant le *satsang*, je sentais mon ventre gargouiller et oh!...j'ai senti le besoin d'aller aux toilettes ! Pour sûr, j'étais bien éveillée, mais je comptais combien il restait de *bhajans* avant de pouvoir m'éclipser. J'avais oublié le pouvoir diurétique et laxatif du café. Encore cinq *bhajans*, encore quatre, trois... Pour finir, j'ai dû me lever et quitter la scène précipitamment : heureusement les toilettes n'étaient pas trop loin ! Je me rappellerai toujours ma première tasse de café après des années d'abstinence.

En fin de compte, Amma a décidé que, puisqu'on ne pouvait pas se passer de thé, on pouvait en boire tous les jours. En boire à dose médicinale ne fait de mal à personne et permet de rester éveillé et d'avoir du tonus. Ayant décidé de ne plus se heurter à ceux qui continuaient à s'éclipser, Amma a fini par dire que tout le monde *devait* boire du thé. C'est ainsi que le *chaï* a été intégré à l'emploi du temps de l'ashram. Au milieu de nos occupations, il nous arrive parfois d'oublier l'*atman*, mais jamais le *chaï* de 16 heures !

A une époque, un des résidents de l'ashram s'était mis en tête de faire des austérités (tapas) et de diminuer son alimentation ; il se contentait d'une petite banane et d'un verre de lait le soir. Mais ce n'était pas une bonne idée : il a eu un ulcère et a dû manger plus de trois repas par jour – tout cela pour avoir pratiqué des austérités (tapas) sans discernement. Nos pratiques doivent obéir à la sagesse ; garder la mesure est bien ce qu'il y a de plus difficile.

Il y a longtemps de cela, j'ai observé un vœu de silence (mau-nam) pendant quatre mois ; ce n'était pas très dur. Une fois qu'on a pris l'habitude de rester en silence, cela devient une bonne excuse pour éviter les problèmes. On peut dire aux gens de s'en aller en leur signifiant : « Je suis en silence ! » Mais quand on se remet à parler, il est très difficile de s'arrêter.

Je me rappelle qu'un soir, j'étais assise dans le *kalari* pendant un programme de *Dévi Bhava*. Un des grands méditants de l'ashram était assis en méditation dans un coin. Je prenais cet homme pour quelqu'un de très avancé spirituellement ; tout le monde savait qu'il pratiquait des austérités dans la solitude de sa grotte souterraine. J'admirais l'intensité de sa concentration. J'imaginais que contrairement à moi, il ne somnolait jamais et qu'il restait toujours concentré.

Ce soir-là, j'étais assise à côté d'Amma. J'ai vu cet homme immobile comme une statue, la tête rejetée complètement en arrière, les yeux fermés et la bouche grande ouverte. Cela m'a fait un choc. « Oh mon Dieu ! Il a atteint le *mahasamadhi* et quitté son corps ! » ai-je pensé naïvement. Tout le monde savait qu'il pouvait rester assis pendant des heures et des heures et il ne m'est pas venu à l'esprit qu'il dormait peut-être. J'avais peur qu'il ne soit mort et j'ai dit à Amma : « Je crois qu'il a quitté son corps. » Amma s'est retournée pour le regarder et s'est mise à rire. Elle lui a lancé un bonbon pour le réveiller, à mon grand soulagement.

Nous voyons tous les choses de manière différente et il est parfois difficile de distinguer le bien du mal. Nous avons besoin d'apprendre à utiliser notre discernement, ce qui n'est pas facile et exige des années d'entraînement.

Voici l'histoire d'un gros chien appelé Sumo, qui avait gagné quatre fois le titre de meilleur chien de sa race. Lui et ses maîtres allaient néanmoins être expulsés de leur résidence, suite à des plaintes déposées par les voisins : le chien ronflait trop fort. Les voisins maintenaient que ses ronflements étaient si bruyants qu'ils déclenchaient l'alarme toutes les nuits. Le beau-père des voisins était cardiaque et le bruit l'empêchait de dormir. On mesura donc le niveau sonore des ronflements qui se révéla supérieur à 34 décibels.

Le propriétaire du chien était d'un tout autre avis : « Mon Sumo n'est qu'un jeune chiot. La nuit il dort avec moi, dans mon lit, et je ne vois pas de quoi ils parlent quand ils disent qu'il ronfle trop fort. Cela ne me gêne pas du tout ! »

Dans tous les domaines, nous créons nos propres concepts. C'est pourquoi il est dit que le monde n'est que notre propre projection.

Un homme riche engagea un jour un écrivain pour rédiger l'histoire de sa famille tout en lui demandant de camoufler le fait qu'un de ses oncles, un criminel, était mort sur la chaise électrique. Il fut ravi de lire ce que l'auteur avait écrit : « Oncle William a occupé une chaire en électronique appliquée dans une institution gouvernementale de premier plan. Des liens très étroits le retenaient à ce poste et à sa mort le choc a été très grand. »

Pendant un cours de littérature anglaise, un professeur a écrit une phrase au tableau: «Femme sans son/elle / [1] homme n'est rien » en demandant à ses étudiants d'y mettre la ponctuation.

Tous les étudiants ont écrit : « Femme, sans son homme, n'est rien. », tandis que les étudiantes ont choisi d'écrire : « Femme ! Sans elle, l'homme n'est rien. »

Chacun a sa façon de voir mais nous avons la chance incroyable d'avoir Amma comme maître spirituel pour nous rendre un peu plus lucides. Elle veille sur tout le monde et ne nous mettrait jamais dans une situation dangereuse ou nuisible. C'est la compassion débordante qu'elle éprouve pour tous ceux qui

---

[1] Jeu de mots impossible à traduire parce que l'on peut traduire 'HER' de deux façons selon la ponctuation: ou bien 'SON' ou bien 'ELLE'

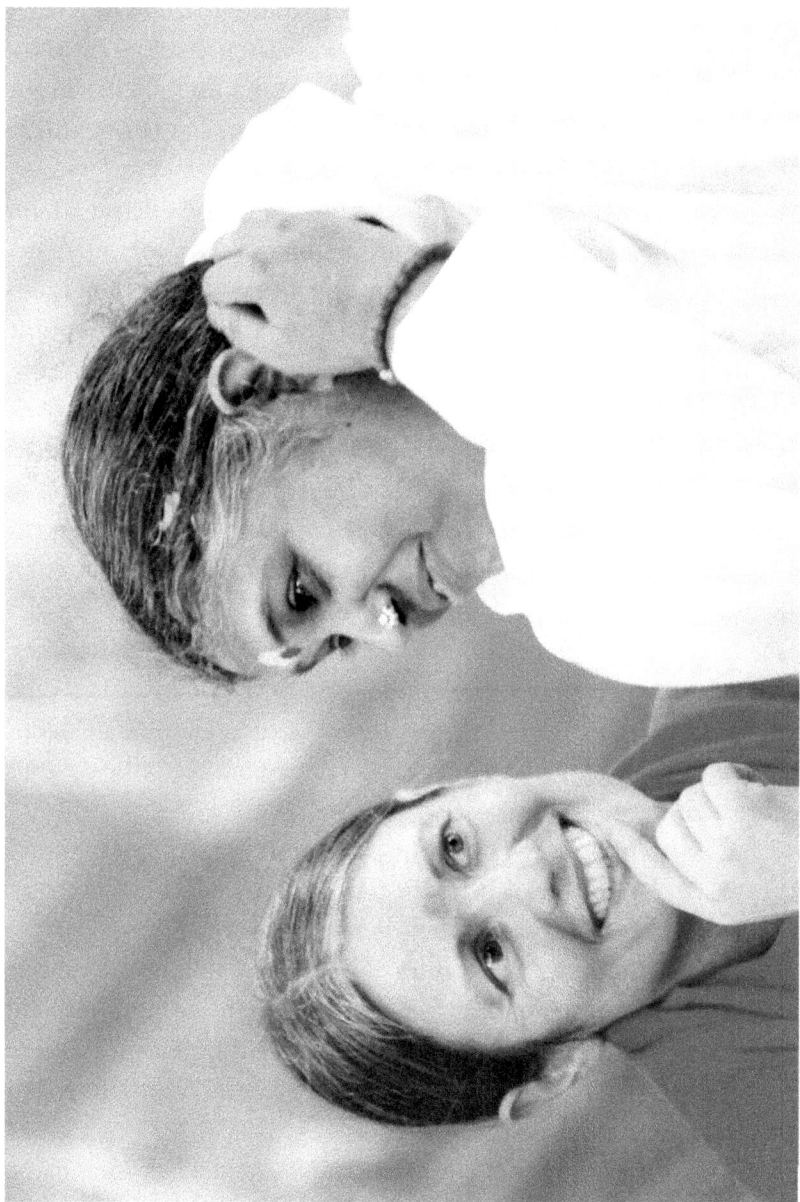

souffrent qui la pousse à descendre à notre niveau de conscience. Mais ce n'est pas le cas de tous les êtres qui ont réalisé Dieu.

Un *avadhuta* appelé Prabhakara Siddha Yogi habitait à Oachira, petite ville située non loin de l'ashram. La légende disait que cet homme avait 700 ans et que des pêcheurs l'avaient ramené du fond de l'océan dans leur filet.

Les *avadhutas* sont des individus qui ont réalisé Dieu et atteint l'état ultime mais on les prend souvent pour des malades mentaux car ils vivent dans leur monde. On a peut-être l'impression qu'ils ne servent pas à grand-chose, mais Amma dit que leur souffle suffit à maintenir le monde en équilibre. Ils ne choisissent pas pour autant d'avoir des disciples et de leur transmettre un enseignement direct. Dans sa grande compassion, Amma descend à notre niveau pour essayer de nous guider mais les *avadhutas* se contentent de rester à leur niveau de conscience.

L'*avadhuta* en question avait tendance à errer dans les environs, ce que les gens n'appréciaient guère. Ils lui lançaient des seaux d'eau sale parce qu'il lui arrivait d'attraper les femmes. Il prétendait qu'elles le provoquaient. Les quelques visites qu'il avait faites à l'ashram avaient mis tout le monde en émoi. Nous étions quelques filles à l'ashram et on nous avait conseillé de nous enfermer à clef, par mesure de sécurité.

Cet homme est venu à un programme qui se déroulait à l'extérieur de l'ashram. Pendant tout l'après-midi, nous sommes restées cachées derrière un bouquet d'arbres. Cherchant aussi à l'éviter, Amma nous a rejointes. Elle nous a alors expliqué que les avadhutas ont réalisé Dieu, mais que les gens ne comprennent pas leur façon d'agir. Elle sait que les gens n'apprécient pas leur comportement asocial mais cela ne retire rien au fait qu'ils soient établis à un niveau de conscience très élevé.

Lors de son premier séjour en Inde, une dévote américaine qui se rendait à Amritapuri est allée à Tiruvanmalai voir un *avadhuta* du nom de Yogi Ram Surat Kumar. On lui avait dit qu'il avait réalisé Dieu et elle est allée le voir, dans une maison mise à sa disposition par des dévots. Il donnait le *darshan* sur le pas de la porte. Elle s'est approchée de lui, un paquet de dates à la main et s'est prosternée.

Avant même qu'elle n'ait eu le temps de se relever, il s'est exclamé : « Amma ! Amma!, Amma ! O Amritanandamayi ! La Mère qui est venue rendre visite au mendiant que je suis. Amma...» Son élocution trahissait son émotion et il parut s'absorber dans ses souvenirs et ses pensées. Cette femme était stupéfaite car elle le voyait pour la première fois et ne savait vraiment pas comment il avait pu apprendre qu'elle était dévote d'Amma.

L'année suivante, elle est retournée le voir et lui a posé une question. Il a répondu gentiment mais fermement : « Pourquoi me posez-vous cette question à moi ? Pourquoi me posez-vous cette question à moi ? Alors que vous avez un si grand maître ! Vous êtes sous sa protection. C'est vraiment un maître fantastique ! » Et il ne tarissait pas d'éloges sur Amma.

Un jour quelqu'un a demandé à Amma : « Quel est le plus grand sacrifice jamais accompli par un mahatma ? » Amma a répondu : « Les mahatmas viennent sur terre et vivent comme des porcs parmi les porcs pour essayer d'élever leur niveau de conscience. »

Avoir la chance de vivre avec un guru comme Amma est le plus grand des privilèges. Jamais aucune âme ayant réalisé Dieu n'avait auparavant donné autant. Il est possible que des *avadhutas* aient atteint le même niveau de réalisation de Dieu que les *mahatmas*, mais un être comme Amma sacrifie complètement cet état de conscience ultime par compassion et par amour pour nous. Elle cherche constamment de nouvelles façons de nous rendre heureux, de nous donner tout ce qu'elle peut pour nous sortir des ténèbres de l'ignorance et de la souffrance.

Où que nous soyons, profitons au maximum de la situation dans laquelle Dieu nous a placés. Même dans ce monde matérialiste, même au milieu de toutes nos préoccupations, ne disons jamais que ceci relève de la vie spirituelle et cela de la vie matérielle. Amma, qui connaît vraiment la vérité, ne fait aucune différence. Elle voit Dieu dans toute la création, alors que pourrait-on qualifier de matériel ? Si nous faisons le bien, la grâce ne manquera pas de se répandre sur nous.

Certains disent qu'il est plus difficile de vivre loin d'Amma. Ils s'imaginent que leurs problèmes s'évanouiraient comme par enchantement s'ils pouvaient vivre auprès d'elle. Sans perdre de temps à nous apitoyer sur notre sort, efforçons-nous de mettre en pratique l'amour universel et la compassion d'Amma en faisant le plus de bien possible autour de nous. Alors la grâce ne manquera pas de se répandre sur nous et nous guidera le long du chemin de la vie.

Chapitre 13

Les anges du tsunami

La question majeure est :
Qu'est-ce que tu fais pour les autres?

Martin Luther King Jr.

Au cours de l'été 2003, Amma nous avait avertis que des catastrophes inévitables étaient imminentes. Nous ne pouvions que prier et faire de bonnes actions.

Les disciples d'Amma se sont préparés en vue des épreuves à venir. Certains ont retiré tout l'argent qu'ils avaient mis en bourse pour le mettre en sécurité ou pour acheter de l'or. D'autres ont pensé qu'ils seraient plus à l'abri auprès d'Amma, à Amritapuri.

Dernièrement, Amma a ri malicieusement de tous ces gens qui étaient venus auprès d'elle pour échapper à la catastrophe annoncée. Le tsunami a frappé exactement à l'endroit où se trouve l'ashram !

Heureusement, la protection d'Amma a été sans faille. Aucun des 18 000 dévots présents ce jour-là n'a été blessé. Mais les environs de l'ashram étaient sinistrés et ravagés. Ce spectacle nous fendait le coeur. L'amour tout puissant d'Amma nous avait complètement enveloppés. La puissance de la grâce d'Amma a même permis à certains de faire les expériences les plus profondes de leur vie.

Au moment où le tsunami a frappé la côte du Kérala, l'ashram était rempli de visiteurs étrangers. Pour beaucoup, la simplicité de l'hébergement et de la nourriture constitue déjà une épreuve en soi. Mais en plus, le tsunami nous a obligés à nous réfugier de l'autre côté de la lagune et nous avons été hébergés dans les locaux de l'Université Amrita. Ce n'était pas grave en comparaison de la désolation tragique qui régnait alentour. Les villageois avaient perdu leur maison, leurs biens et dans bien des cas au moins un, voire plusieurs proches.

Villageois, résidents et visiteurs ont tous été évacués ensemble de l'autre côté de la lagune. Chacun a dû se contenter des vêtements qu'il avait sur le dos au moment du tsunami. Nous vivions comme des réfugiés, sans confort. Nous dormions dans les salles de classe et dans les halls, partout où nous pouvions trouver de la place. Mais malgré tout, tout le monde essayait de garder le moral.

Il était relativement facile de renoncer au confort en pensant au drame des villageois qui avaient tout perdu. Au lieu de penser à ce qui lui manquait, chacun cherchait à aider : les uns préparaient les légumes, les autres servaient à manger aux villageois, d'autres encore faisaient du bénévolat à l'hôpital ou consolaient les affligés. En se mettant au service des autres, les visiteurs et les résidents de l'ashram réalisaient le vœu d'Amma : que nous allumions dans nos cœurs les lampes de l'amour pour soulager la souffrance.

En cette nuit mémorable, un groupe d'américaines essayait de s'endormir à même la dalle en ciment. Une d'entre elles s'était allongée directement sur le sol et avait pris sa natte en paille en guise de couverture. Elle se disait que sa situation ressemblait un peu à celle des sans-abri qui dorment dans des cartons. En regardant par dessus son épaule, elle a vu que la personne juste à côté d'elle avait pris son grand soutien-gorge rembourré pour en faire un oreiller confortable.

Cette femme était très fière d'avoir utilisé son vêtement de façon si ingénieuse, mais une autre s'est mise à rire en déclarant que c'était elle qui devait remporter la palme de l'oreiller le plus créatif. Elle avait pris les caleçons qu'un homme avait portés pendant trois jours. Il avait fait un grand sacrifice en lui offrant généreusement son sous-vêtement. Le rire a donné aux visiteurs la force de traverser ces moments difficiles.

Dans le discours de remerciement qu'Amma a prononcé en 2006 à la cérémonie de remise des prix au Centre Interconfessionnel de New York, elle a déclaré que nous devrions tous avoir un comportement irréprochable qui puisse servir de modèle et inciter les autres à faire le bien autour d'eux. Une Australienne dévote d'Amma fut un exemple pour beaucoup d'entre nous. Je me souviendrai toujours de cet « ange du tsunami », même si sa modestie doit souffrir de ce titre.

Cette étudiante en deuxième année de médecine et l'une de ses amies étaient en vacances en Thaïlande au moment du tsunami. Leur bungalow était dans la quatrième allée en partant de la plage. Les trois premiers rangs de logements ont été complètement balayés par la vague. Dès le début, cette Australienne a été sauvée par la grâce.

Elle a été réveillée par des hurlements atroces en ce lendemain de Noël, censé être un jour de fête. Après une nuit de réjouissances, tout à coup, elle a vu le monde basculer. Sa compagne de chambre s'est précipitée dans la chambre en poussant des cris hystériques. Elle venait de voir une vague se diriger droit sur elles. Un vacarme assourdissant a empli la pièce comme si un avion les bombardait. Elle ne savait pas si elle était en train de rêver ou si elle était encore un peu grise de la fête. Tout ce qu'elle savait, c'est qu'elle n'avait jamais eu si peur de sa vie.

Les nerfs tout aussi ébranlés que le bungalow, elles ont ouvert la porte. Elles étaient complètement entourées d'eau. Les marches sur le devant du bungalow avaient disparu et tout ce qui était à l'intérieur du restaurant et de l'office de tourisme flottait autour d'elles. Les ordinateurs, les vêtements, les micros, les sacs à dos

– tout ce qui avait autrefois représenté le gagne-pain des habitants ou avait été l'objet de leurs rêves nageait dans les torrents d'eau. Cette île paradisiaque s'était transformée en cauchemar. Instantanément, les choses perdirent de leur importance.

Les survivants furent évacués sur les hauteurs et on leur permit de redescendre au bout de quelques heures. Les deux Australiennes proposèrent leur aide. Les endroits où elles s'étaient promenées étaient méconnaissables. Il y avait des bateaux perchés dans les arbres et des trottoirs à la verticale.

Des cadavres gisaient ici ou là au milieu des décombres, parmi les débris de matériaux de construction et de verre qui jonchaient le sol. Elles sont parties à la recherche de leurs amis, d'abord à l'hôpital, puis à la morgue. Celle-ci était remplie de cadavres en décomposition et il y régnait le chaos et la confusion la plus totale. Elles ont décidé que c'était là qu'elles pouvaient être utiles étant donnés l'urgence et l'afflux des cadavres. Certains corps étaient dans un état avancé de décomposition. La situation était telle que presque personne ne voulait s'en occuper. Les gens qui venaient à la morgue pour essayer de reconnaître leurs proches ne trouvaient aucun soutien hormis auprès d'un petit nombre de bénévoles. La plupart des bénévoles repartaient au bout de la première journée parce qu'ils ne supportaient ni l'odeur ni le spectacle de la morgue. Sa compagne avait trop peur et ne se sentait pas la force de travailler à l'intérieur, au milieu de tous ces cadavres.

Mais elle est restée à l'intérieur ; elle travaillait au moins douze heures par jour, aidant les familles à remplir des fiches pour décrire leurs proches. Elles y indiquaient des objets et des marques encore identifiables telles que bijoux, tatouages, trous de perçage ou cicatrices. Elle rassemblait les informations et cherchait parmi les cadavres dans l'espoir d'identifier les disparus.

Les médecins légistes la traitaient avec beaucoup d'égards et respectaient son travail. Ils la taquinaient bien parfois en lui disant qu'elle était le dernier maillon de la chaîne alimentaire parce qu'elle demandait souvent un scalpel pour enlever de la peau morte et des asticots afin de préparer les cadavres pour les présenter aux familles. Cela ne la dérangeait pas ; il fallait bien quelqu'un pour faire ce travail extrêmement traumatisant.

Elle était confrontée chaque jour à des situations qui dépassaient en horreur ce que la plupart des gens voient au cours de toute une vie. Elle dit que seul le souvenir d'Amma lui donnait la force de continuer.

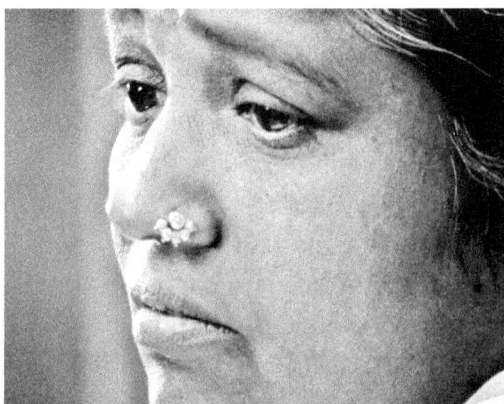

Elle savait à quel point les familles souffraient en venant rechercher les restes de leurs proches. Non contente d'aider les familles à identifier les corps, elle s'efforçait aussi de les réconforter et de les consoler. Elle les emmenait parfois boire un café ou bien elle leur apportait simplement un soutien émotionnel.

Au bout de plusieurs mois, elle a dû retourner en Australie faute d'argent. Sa façon de voir les choses avait complètement changé, ce qui n'est pas surprenant puisqu'elle avait passé des mois au milieu de corps en décomposition, d'asticots et d'une souffrance phénoménale. Une fois rentrée chez elle, elle s'est sentie complètement déphasée. Elle ne se sentait plus chez elle, elle avait l'impression d'être étrangère. Elle était écœurée par les futilités du genre : « J'ai acheté une nouvelle jupe ».... « John a trompé Sarah... » Une fois rentrée en Australie, elle s'est sentie très mal à l'aise parce qu'elle savait qu'ailleurs, les gens souffraient atrocement.

Comme elle n'avait plus d'argent pour repartir, elle a décidé de vendre son histoire à un journal en échange du prix d'un billet d'avion pour le Sri Lanka. Puis elle a pris l'avion avec son frère et tous deux ont participé à l'aide aux victimes du tsunami.

Un jour, le médecin de garde a refusé de soigner un homme qui avait une grande blessure à la tête ; elle n'avait jamais recousu de plaies, mais elle voyait bien qu'il était urgent de s'en occuper avant que le blessé ne perde trop de sang. Courageusement, elle a fait les premiers points et a réussi ce que même les docteurs n'avaient pas osé entreprendre.

On l'a citée pour la « Young Australian Award for Bravery » (Prix du Courage de la Jeunesse australienne). Son courage et son abnégation ont impressionné beaucoup de travailleurs humanitaires partout dans le monde. Ils ne lui ont pas valu le premier prix, mais bien des cœurs le lui ont décerné.

Un autre ange au bon cœur a lui aussi ressenti le besoin d'apporter son aide au Sri Lanka. L'île était tellement dévastée par le tsunami qu'on laissait des cadavres pourrir sur la plage. En voyant le corps d'une petite fille que personne n'était venu réclamer, cet homme a décidé de l'ensevelir comme s'il s'agissait de sa propre sœur. Il a ramassé son cadavre avec beaucoup d'amour et l'a enterré avec soin comme si elle faisait partie de sa propre famille. En les considérant tous comme faisant partie de sa famille, il a continué à enlever les autres corps un à un.

Il est resté de longs moments sans rien manger, cherchant seulement à aider. Finalement les gens du coin se sont rendus compte de l'ampleur de la tâche qu'il accomplissait avec cœur et ils l'ont nourri comme ils le pouvaient.

Il voulait organiser la récitation du mantra « Om Namah Shivaya » parce qu'il savait que dans de telles circonstances, les survivants ont grand besoin de consolation spirituelle. Des militants locaux lui ont adressé des menaces de mort, mais il leur a répondu plusieurs fois qu'il n'avait pas peur de la mort, qu'on pouvait bien le tuer mais que cela ne l'empêcherait pas d'organiser la récitation – et c'est ce qu'il a fait. Inutile de dire qu'en voyant son courage et sa force d'âme, on l'a laissé faire.

Ces deux jeunes se sont complètement oubliés dans leur désir de soulager la misère humaine. La simplicité et l'héroïsme de leurs actions ont rendu notre monde égoïste bien meilleur.

L'exemple d'Amma nous donne la force de faire des prodiges quand nous agissons de manière désintéressée. Après la tragédie du tsunami, les êtres humains n'étaient pas les seuls à s'entraider, les animaux aussi.

A Nairobi sur la côte du Kenya, un bébé hippopotame est sorti vivant des vagues du tsunami. Malgré ses 300 kilos, il avait été balayé dans le courant d'une rivière et projeté dans l'Océan Indien puis rejeté brutalement par les remous de la vague avant d'échouer sur le rivage. Le jeune hippopotame était traumatisé d'avoir perdu sa mère. On l'a emmené dans une réserve d'animaux sauvages : là une tortue géante vieille d'un siècle s'est occupée de lui comme de son petit. Ils se sont attachés l'un à l'autre : la tortue a servi de mère d'adoption à l'hippopotame qui la suivait partout. Ils mangeaient, dormaient et se baignaient ensemble comme mère et fils.

Ailleurs, c'est un chien qui a sauvé du tsunami un garçon de sept ans en le sortant d'une cabane où il s'était réfugié ; il l'a tiré pour l'amener sur une hauteur. La mère s'était enfuie avec les deux plus jeunes enfants, en espérant que son fils aîné aurait la force de courir assez vite pour s'en sortir tout seul. Quand le

garçon a couru se réfugier dans la cabane, le chien l'a poussé du museau pour le faire ressortir et l'emmener en haut d'une colline. Dans des moments de peur et de chagrin, l'amour et la compassion sont sans bornes. J'ai lu dans une coupure de journal le récit d'un jeune fonctionnaire qui faisait un travail exemplaire. Il racontait comment il avait en grande partie acquis son expérience en matière de gestion des catastrophes à l'occasion d'un terrible incendie qui avait éclaté à Kumbhakonam près de Chennai.

Dans cette tragédie, 94 enfants étaient morts brûlés vifs et les survivants avaient été gravement blessés. Certains parents avaient perdu deux de leurs enfants dans cet incendie. Comment vivre après des souffrances pareilles ? Le fonctionnaire avait les larmes aux yeux en disant qu'il avait revu certaines des mères de Kumbhakonam pendant qu'il dirigeait les opérations de secours après le tsunami .

Tous les parents s'étaient cotisés, et bien qu'ils fussent pour la plupart très pauvres, ils avaient travaillé dur et récolté l'équivalent de 2.500 dollars pour les victimes du tsunami. Ces femmes qui avaient perdu leurs enfants dans l'incendie aidaient ainsi les enfants qui avaient perdu leurs parents dans le tsunami.

Le chagrin leur avait servi de guide et leur avait ouvert le cœur.

Au moment du tsunami, l'eau sale et la boue avaient envahi les salles du rez-de-chaussée de l'ashram à Amritapuri. Dans la pièce où je stocke toutes les affaires, il y avait beaucoup de dégâts. Après avoir tout inspecté, trié et nettoyé, j'avais mis de côté beaucoup de vieilles perles dépareillées, trop laides pour servir à quoi que ce soit.

Je pensais donner les pires aux jeunes enfants des camps de réfugiés pour qu'ils s'amusent à en faire des colliers. Un jour, j'ai eu l'occasion de les faire parvenir aux enfants par une jeune fille qui m'a ensuite raconté ce qui s'était passé dans le petit camp de réfugiés situé près de l'ashram.

Les villageois s'étaient assis sur des nattes en plastique pour étaler les perles, le fil de pêche et les vieux fermoirs dont je ne voulais plus.

Ils sont restés assis pendant des heures, en silence, à enfiler patiemment les perles pour en faire de beaux colliers. Contrairement à ce que j'avais pensé, ce ne sont ni les femmes ni les enfants mais les hommes qui ont le plus participé à cet atelier. Cela leur a beaucoup plu, ils ont travaillé avec une grande concentration pour fabriquer quelque chose de beau avec ce que quelqu'un d'autre aurait jeté à la poubelle. Ensuite, quelques hommes se sont parés de ces colliers et ont ri de se voir si drôles.

C'était une occasion merveilleuse d'apporter de la joie à ces rudes pêcheurs qui avaient tout perdu. Ils avouaient qu'ils se sentaient inutiles parce qu'ils ne pouvaient plus nourrir, ni vêtir, ni abriter leurs familles, pour ceux qui avaient encore de la famille.

Amma savait que la pêche était leur seul moyen de subsistance et que s'ils restaient plusieurs mois sans travailler, la frustration et le sentiment de leur inutilité risquaient de les pousser au suicide.

Il n'avait pas été très difficile de faire sourire les femmes et les enfants, et cette activité avait redonné aux hommes aussi l'occasion de sourire et de retrouver la joie. Parallèlement, Amma leur construisait une nouvelle flottille de bateaux de pêche.

En Inde, c'est dans l'état du Tamil Nadu que le tsunami a été le plus meurtrier. Amma y a immédiatement envoyé des *brahmacharis* pour lancer les opérations de secours, distribuer de la nourriture et installer des abris temporaires en attendant que l'on puisse construire des maisons en dur. L'ashram a distribué du riz et d'autres denrées à des milliers de personnes. Quelqu'un a montré à Amma des photos des habitants à qui on était en train de distribuer ces provisions de base. J'ai jeté un coup d'œil par-dessus son épaule pendant qu'elle regardait les photos et il y en a une que je n'oublierai jamais. C'était celle d'un homme en larmes, portant un grand sac en plastique. Le *brahmachari* essayait de le réconforter. Cet homme avait un sac de riz, mais personne pour lui faire la cuisine ni pour manger avec lui parce qu'il avait perdu toute sa famille dans le tsunami. Je me rappellerai toujours la souffrance tragique qui se lisait sur son visage.

Dans le village près d'Amritapuri, un grand nombre de familles ont été brisées : certaines avaient perdu des parents, d'autres des enfants. Certaines femmes pouvaient encore espérer concevoir d'autres enfants, mais d'autres avaient subi une ligature des trompes et elles étaient absolument désemparées. Dans certains cas, elles avaient même perdu deux enfants.

En apprenant le désespoir de ces familles, Amma a cherché à savoir si on pouvait opérer ces femmes pour leur permettre de concevoir un nouvel enfant. Amma a insisté pour que les médecins utilisent les meilleures techniques possibles. Six femmes ont été opérées et l'une d'entre elles a mené une grossesse à terme. Le couple infiniment reconnaissant a eu un bébé en pleine santé.

Quand Amma a appris que l'opération avait échoué pour les autres femmes, elle a conseillé aux docteurs de AIMS d'essayer la fécondation in-vitro. Trois femmes ont accepté cette aide à la procréation et ont été enceintes. Parmi elles une femme qui avait perdu une fille et un fils a donné naissance à des jumeaux, un garçon et une fille. La grâce et la compassion d'Amma lui ont rendu sa famille. Ces deux nouveaux-nés sont véritablement des anges du tsunami. Amma a rendu la vie et le sourire à ces femmes et voilà bien un des plus grands miracles imaginables.

Chapitre 14

S'oublier

Celui qui considère la joie et la souffrance
des autres comme la sienne, celui-là a
atteint le sommet de la spiritualité.

Bhagavad Gita 6:32

L'amour, l'endurance et la constance d'une mère sont incomparables. Les mères ne pensent pas à elles, elles oublient leur corps et font toujours passer leurs enfants avant leurs besoins personnels. Elles vont même parfois jusqu'à se passer de nourriture et de sommeil pour leurs enfants, mais elles le font de bon cœur parce qu'elles le font par amour.

Amma raconte l'histoire d'une grande reine du Tamil Nadu qui s'est sacrifiée par amour. Comme le moment de l'accouchement approchait, elle a appelé un astrologue pour qu'il lui prédise l'avenir de son enfant. L'astrologue lui a prédit que si l'enfant naissait à une certaine heure, il lui ferait beaucoup de mal ainsi qu'au roi et à tout le royaume. Mais si l'enfant naissait plus tard, il deviendrait illustre, bon, généreux et il apporterait la prospérité au royaume.

La reine avait bien conscience des heures propices pour la naissance. Malheureusement, elle ressentit les premières douleurs du travail beaucoup trop tôt. Voulant à tout prix éviter que son bébé ne fasse le malheur du royaume, la reine a donné l'ordre à ses servantes de la suspendre la tête en bas pour retarder la naissance de l'enfant jusqu'à l'heure favorable.

Le moment venu, elle a demandé à la servante de couper la corde pour mettre l'enfant au monde. Mais le traumatisme avait été tel que la reine en mourut. Cependant, grâce au sacrifice de sa mère, l'enfant est devenu un grand saint.

Il n'y a rien de plus puissant que l'amour d'une mère. Pendant le tsunami, en Thaïlande, au moment où tout le monde paniquait et s'éloignait en courant pour échapper à la vague rugissante, une Suédoise a couru en sens inverse en direction de l'énorme vague. Une photo la montre fonçant dans l'eau pour essayer de sauver son mari, son frère et ses trois fils. Les journaux annoncèrent ensuite que personne ne savait si la mère et les autres membres de la famille étaient en vie.

Cette femme a lu l'article et signalé que toute sa famille avait survécu. La force de la vague les avait tous entraînés sur un monticule. Après avoir frôlé la mort de si près, les membres de la famille avaient compris le prix de la vie et la force de l'amour d'une mère, prête à risquer la sienne pour sauver celle des autres. L'amour maternel est si pur et désintéressé qu'il permet d'accomplir l'impossible.

Si nous voulons sauver quelqu'un de la noyade, il est hors de question de penser à soi. Pour secourir autrui, il faut que notre ego s'évanouisse. Ainsi, l'amour de Dieu, nous permet de nous oublier complètement. Tel est l'amour auquel nous devons aspirer. C'est ainsi qu'Amma aime le monde.

Quand les gens passent au *darshan*, ils sont parfois si enthousiastes qu'ils lui donnent des coups, lui marchent sur les pieds et lui font mal. Ils exigent beaucoup et malgré tout, elle tient à s'occuper de tous leurs problèmes comme s'il s'agissait de ses propres enfants. Quant à nous, nous arriverions peut-être à rester assis un moment à écouter toujours les mêmes questions mais au bout d'une demi-heure, nous nous sauverions en courant. Amma, elle, réconforte les cœurs blessés et écoute les problèmes qu'on lui confie pendant des heures d'affilée, qu'elle ait mal ou non. Elle ne fait aucun cas de son bien-être personnel, et s'occupe uniquement des autres. Amma est l'exemple parfait du contrôle absolu de soi. Quelquefois, nous avons l'impression d'avoir atteint notre limite. Mais souvent, quand nous sommes poussés dans nos retranchements, il nous arrive de découvrir que nous pouvons encore aller plus loin. Pour Amma, il n'y a ni limites ni frontières. Peu importe ce qu'elle ressent, elle donne toujours le maximum d'elle-même. C'est l'amour qui donne à Amma la force de dépasser toutes les limites.

Nous avons beau essayer de marcher sur ses traces, nous arrivons généralement à la conclusion que nous en sommes incapables. Notre mental nous dupe et nous susurre que nous devrions nous reposer ou ménager nos forces. Mais Amma est différente. Elle dédie chacun des battements de son cœur au monde, sans jamais penser à elle-même. Elle est l'exemple de la compassion et du pardon absolus. C'est peut-être ce qui explique que beaucoup voient en elle l'« Absolu. »

En 2003, il a fallu annuler le tour d'Australie à cause de l'épidémie de grippe aviaire. A cette époque, une des organisatrices des groupes de satsang m'a écrit une lettre:

« J'ai participé à l'organisation du tour. Inutile de dire que je ne suis pas la seule à être triste, nous avions tous tellement envie de voir Amma .

Je sais qu'Amma connaît les pensées et les sentiments de ses enfants, qu'elle pense bien fort à nous et qu'elle est triste de ne pas venir.

Pour ma part, je voudrais qu'Amma sache aussi qu'avec sa grâce et malgré leur tristesse, ses enfants ont eu la force de réagir de façon positive. Sa grâce a sans nul doute éveillé en nous beaucoup d'amour, de coopération, d'efficacité et d'ouverture de cœur.

Si je pleure, ce n'est pas de tristesse, c'est de gratitude, les mots sont impuissants ... Je veux juste encore et toujours me laisser tomber à ses pieds bénis.

Il est stupéfiant qu'Amma ait à la fois la sollicitude d'une mère pour chaque individu en particulier et une intuition universelle qui englobe passé, présent et avenir. A mon petit niveau, cette révélation est un cadeau extraordinaire. C'est véritablement le meilleur prasad d'Amma et je vais m'efforcer encore plus d'agir selon le dharma dans ma vie quotidienne, puisqu'Amma, qui est l'Architecte de la Loi, choisit d'être un exemple de perfection pour ses enfants.

Nous avons beaucoup de chance de pouvoir nous considérer comme les enfants d'Amma, de pouvoir la servir et apprendre à suivre ses traces bénies, même en trébuchant. »

Nous avons le choix: souffrir ou bien accepter les situations difficiles comme étant la volonté de Dieu ainsi que l'ont fait ces dévots. Même s'ils étaient désolés qu'Amma ne vienne pas les voir cette année-là, ils ont accepté, en mettant de côté leurs désirs personnels.

Quand le cœur s'ouvre avec amour et accepte tout, même l'adversité, comme étant la volonté de Dieu, la grâce se répand alors sans faillir.

Certains sont contents d'avoir réussi à s'attacher plus profondément à Amma, mais d'autres se demandent si c'est bon. Ils pensent qu'ils devraient devenir plus libres et indépendants et ne comprennent pas ce manque dont ils souffrent en se rapprochant intérieurement d'Amma.

Notre mental a toujours besoin de s'attacher à quelque chose. Dans notre petite enfance, nous nous attachons à notre père et à notre mère. En grandissant, nous voulons passer de plus en plus de temps avec nos amis. Une fois mariés, nous dépendons de notre mari ou de notre femme. Il est dans la nature du mental de toujours rechercher un soutien extérieur. Amma s'offre à nous comme un escalier pour atteindre la réalisation de Dieu. En fait, s'attacher à Amma ne sert qu'à nous guider vers l'état suprême, parce qu'il nous est impossible d'y accéder par nos propres moyens.

Une jeune femme ressentait le besoin de passer chaque année du temps auprès d'Amma. Ce « manque », comme elle l'appelait, ne lui plaisait guère : cela ne correspondait pas au conditionnement d'une éducation occidentale. Elle en a parlé à Amma dont voici la réponse : « Amma aime ton innocence, et grâce à la pureté de ta résolution, ce que tu désires se réalisera. Au début, il est difficile de faire preuve de dévotion. Au départ, c'est une petite rivière, mais elle finit par devenir un océan. Et un jour, il n'y a plus de différence entre toi et l'océan. »

Cette jeune femme m'a décrit son état d'esprit après avoir confié ses doutes à Amma.

« Les paroles d'Amma m'ont beaucoup réconfortée. Elle m'a dit de me rapprocher. J'ai compris qu'elle me disait que je suis encore en train de grandir, que je suis encore une enfant et que j'ai besoin d'être près de ma Mère le temps que je me rapproche de Dieu et que je me détache du monde. Ce manque que je ressens, c'est un progrès, pas une régression. Pour remplacer l'attachement au monde par l'attachement à Amma, j'ai besoin d'être proche d'elle. Mais quand je serai plus fermement attachée à Dieu, je n'aurai plus autant besoin d'être proche de sa forme physique parce que je me serai fondue en elle. »

Ce sens de l'attachement est intuitivement contraire à la pensée occidentale. Nous avons l'impression que c'est de la régression, parce qu'on nous serine en permanence que c'est en devenant indépendant qu'on grandit, qu'on devient mûr et responsable. Mais hélas, nous ne sommes jamais indépendants : nous dépendons du monde pour la satisfaction de nos désirs et cela nous fait souffrir. Mon esprit occidental continue à juger et à dire que je régresse, que je dois trouver Dieu à l'intérieur. « Comment se fait-il que je n'y arrive pas tout simplement avec la méditation? » Mon attachement à Amma m'a aidée à être moins attachée aux choses inutiles. Elle prend littéralement leur place.

Il y a des gens à qui la dévotion permet de se trouver, tandis que d'autres s'y perdent complètement.

En traversant l'état du Karnataka, nous avons passé la nuit dans l'école d'Amma à Karwar. Les habitants, très excités, débordaient de dévotion. Un cordon de police empêchait la foule de se précipiter sur Amma tandis qu'elle se frayait un chemin pour atteindre la voiture qui devait l'emmener jusqu'au programme. La foule manifestait une dévotion bouleversante et les policiers ont oublié que leur devoir était d'empêcher les gens de se ruer sur Amma. Ils ont été les premiers à se précipiter pour lui toucher les pieds. Les rôles se sont inversés et c'est moi qui ai dû jouer le rôle du policier. Je les ai repoussés afin que nous puissions passer.

A Ahmedabad en 2006, une vieille femme malade est venue avec sa famille recevoir la bénédiction d'Amma. Elle ne pouvait ni marcher, ni parler et était nourrie par sonde. Son frère a demandé à Amma de la guérir. Il a dit qu'elle ne bougeait plus depuis 3 mois et qu'elle ne pouvait plus parler. Sa famille l'avait portée sur une chaise car elle en était réduite à un état presque végétatif. Comme Amma était allée chez eux quelques années auparavant, ils l'avaient amenée, dans l'espoir que la dévotion éveillerait quelque chose en elle.

Amma a appelé la vieille femme à plusieurs reprises. Peu à peu, elle a reconnu la voix d'Amma et, lentement, elle est revenue à la vie. Elle émettait de joyeux grognements et s'est mise à bouger les bras pour essayer de toucher les lèvres et le visage d'Amma. Ses yeux se sont remplis de larmes, et ceux de son frère aussi, tant il débordait de gratitude envers Amma. Les quelques personnes qui se trouvaient là, moi incluse, pleuraient presque avec eux. Il était

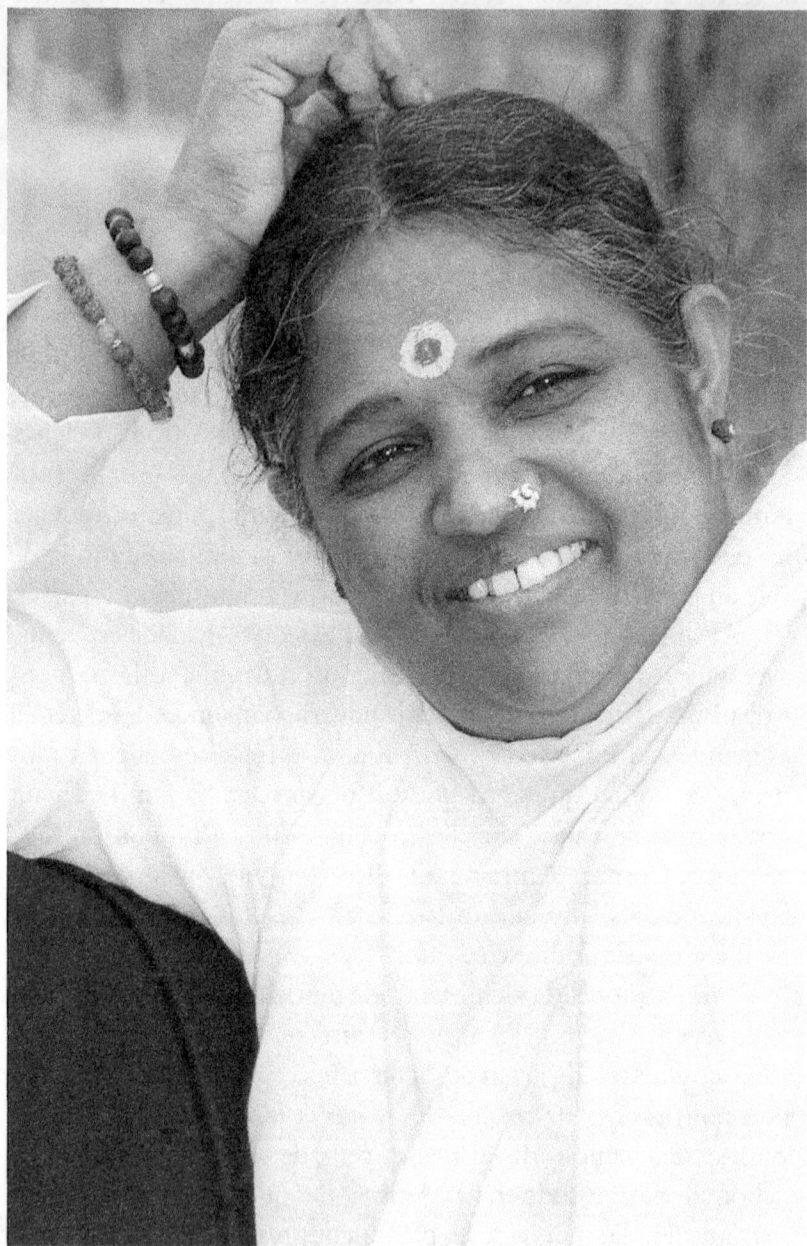

profondément émouvant de voir une personne presque comateuse revenir à la vie en reconnaissant Amma.

Un an plus tard, sa famille l'a de nouveau emmenée voir Amma. Cette fois-ci elle était dans un fauteuil roulant. Le bonheur a illuminé son visage quand on l'a fait entrer dans la pièce. Elle a tendu les mains pour toucher le visage souriant d'Amma. Elle ne pouvait pas vraiment parler, mais en faisant un effort de concentration, lentement, elle a réussi à articuler quatre mots qu'elle répétait sans cesse pour la plus grande joie de tous : « Amma... je... t'... aime. » Nous étions tous très heureux de voir à quel point sa santé s'était améliorée en un an. Sa famille nous a raconté qu'après avoir vu Amma, elle avait fait des progrès réguliers, sans médicaments. L'amour d'Amma l'aidait à vivre. Tous, jeunes et vieux, sont des enfants au regard de cet amour maternel.

A Los Angeles, un dévot qui travaillait avec zèle pour préparer le programme s'est vu offrir une faveur. Les organisateurs lui ont demandé s'il voulait porter les chaussures d'Amma.

(En général, à la fin du programme quelqu'un tient les chaussures d'Amma et l'aide à les enfiler.) Plongé dans ses pensées, il a mis un moment avant de répondre : « Mais, vous croyez vraiment qu'elles sont à ma taille ? »

Après coup, nous avons ri un bon moment quand il a expliqué qu'il pensait qu'on lui donnait peut-être la chance de mettre les chaussures d'Amma pour s'imprégner de toute l'énergie positive qu'elles dégagent.

Un passionné de méditation avait participé à plusieurs retraites, mais il a déclaré n'avoir jamais aussi bien médité qu'en faisant du bénévolat lors du premier programme qui eut lieu en Malaisie, en 2002.

Pendant les deux jours du programme, le groupe qui accompagnait Amma a travaillé pratiquement 24 heures sur 24, sans se reposer, prenant à peine le temps de manger et de boire. Mais cela a, semble-t-il, permis aux gens de donner le meilleur d'eux-mêmes. Nous n'avions certes pas le temps de nous montrer égoïstes – chacun était prêt à faire le maximum.

La foule, qui voyait Amma pour la première fois, était telle que la plupart des gens ont dû attendre pendant des heures en pleine chaleur avant de recevoir leur *darshan*. Le deuxième jour, il y avait plus de 500 familles dans la queue réservée aux personnes accompagnées d'enfants en bas âge, d'handicapés, de personnes âgées. Le hall étant bien trop petit pour accueillir la foule, il fallait constamment trouver des endroits à l'ombre pour que les familles puissent y attendre leur tour de passer au *darshan*.

Le groupe qui voyageait avec Amma a travaillé avec enthousiasme et personne n'a jamais eu le sentiment que c'était difficile. La grâce d'Amma semblait nous permettre de travailler dur, sans confort ni repos, tout en étant incroyablement comblés. Certains n'ont vu Amma que deux fois pendant tout le programme, quand elle les a appelés pour qu'ils lui donnent le *prasad* cinq minutes chacun pendant le darshan. Néanmoins, ils nous ont confiés qu'ils ne s'étaient jamais sentis aussi proches d'Amma qu'en travaillant à la boutique ou en gérant la queue du darshan. En s'oubliant pour servir, ils ont ressenti plus de paix que dans n'importe quelle méditation.

En trouvant Amma à l'intérieur et en nous oubliant à son service, nous découvrons qu'il est possible de trouver la véritable liberté et le vrai bonheur. Nous y gagnons quelque chose d'incommensurable. Que perdons-nous, qu'oublions-nous, sinon ce qui nous sépare de notre être réel ?

A des journalistes qui lui demandaient ce qu'elle éprouve en prenant les gens dans ses bras pendant le darshan, Amma a répondu qu'elle se fond en eux et qu'elle ressent leurs douleurs, leurs peines et leurs joies. Le visage de l'autre est le sien, comme si elle se regardait dans un miroir. Elle ne perçoit plus la dualité, elle ne voit que l'unité. Grâce à l'amour désintéressé, nous nous fondons tous dans l'unité.

Chapitre 15

S'abandonner véritablement

Si des étincelles jaillissent,
Je penserai que c'est pour étancher
ma soif et calmer ma faim
Si le ciel s'ouvre en trombes
Je penserai que c'est pour m'y baigner.
Si un pan de colline glisse sur moi,
Je penserai que ce sont des fleurs pour ma chevelure.
Oh Seigneur blanc comme le jasmin,
Si la tête me tombe des épaules,
Je penserai que c'est en offrande à toi.

Mahadevi Akka

Amma n'accepte jamais que l'on fasse son éloge. Elle affirme que c'est grâce à la bonté de ses enfants que tous ces projets merveilleux s'accomplissent et qu'elle ne fait que canaliser ce qui vient de la source.

En 1987, quand nous nous sommes embarqués pour le premier tour du monde, je me suis demandé comment cela allait se passer. Je savais que nous, nous aimions Amma, mais qu'est-ce que les Occidentaux allaient penser d'elle ? Je m'inquiétais un peu, parce que j'avais vu tant de facettes de sa nature divine.

L'aspect de la Sainte Mère n'était que l'un des visages qu'elle nous avait montrés. Il y en avait des myriades d'autres. Elle pouvait aussi être une enfant naïve, une folle ou Kali en train de détruire notre ego. Amma devenait tout ce qu'il fallait pour casser la rigidité de nos attraits et de nos répulsions. Il lui arrivait de nous terroriser quand elle corrigeait nos erreurs et de faire fondre nos cœurs obstinés d'un seul regard plein de compassion.

Nous trouvions Amma absolument irrésistible, mais les gens n'avaient jamais vu de maître spirituel comme elle. Évidemment, j'étais bien sotte de me faire du souci. Amma savait qu'elle serait acceptée. Elle s'en remet toujours complètement à la volonté de Dieu et nous dit de ne pas nous inquiéter : Dieu pourvoit à tout.

Amma n'a jamais permis à quiconque de demander quoi que ce soit en son nom. Elle a toujours voulu que nous travaillions dur pour réussir à tout faire. Dès que les gens sont venus la voir pour lui confier leurs peines, la grâce de Dieu s'est répandue et le destin a suivi son cours.

Au début, il n'y avait pour tout logement à l'ashram que quelques cabanes recouvertes de palmes ; nous dormions souvent à même le sable à la belle étoile. Les quelques abris servaient parfois aux visiteurs qui ne savaient pas où aller. Un jour, un dévot a donné de l'argent pour la construction d'un hall de prières. A peu près au même moment, Amma a appris dans quelles conditions atroces vivaient les enfants à l'orphelinat de Paripally. Elle a décidé d'acheter cet orphelinat avec l'argent prévu pour la construction du hall afin de sortir les enfants de leur misère. Il a fallu attendre quelques années de plus pour faire construire le hall, mais elle savait qu'on y arriverait.

Quelquefois, nous manquions du nécessaire et nous paniquions parce que nous n'avions pas d'argent. Au moment où nous commencions à avoir vraiment peur, il y avait toujours quelqu'un qui donnait exactement la somme nécessaire. Nous nous sommes toujours rendus compte après coup que nous avions eu bien tort de nous inquiéter. Dieu veillait sur nous.

Amma dit qu'elle a toujours eu conscience de son destin. Dès la naissance, elle connaissait sa nature intérieure et a compris qu'elle était destinée à servir le monde. Je pense que c'est la grâce de Dieu qui lui donne la force d'agir.

La plupart des grands saints qui sont venus sur terre étaient malades, mais ils servaient les autres en dépit de leurs souffrances. Ils ne restaient pas dans leur chambre en refusant de voir qui que ce soit sous prétexte qu'ils étaient souffrants. Ils nous ont appris qu'il faut dépasser les difficultés et les épreuves pour servir. Continuons simplement à servir les autres !

C'est en observant Amma qu'on reçoit ses plus grands enseignements. Grâce à une formidable maîtrise d'elle-même, elle transcende totalement son propre corps. Quand le programme se termine tard, qu'il est grand temps de rentrer dormir un peu, Amma ralentit le rythme et donne les meilleurs *darshans* aux derniers de la file. Elle a beau souffrir, elle va au-delà de ses limites et s'oublie complètement. Il en est ainsi parce qu'elle s'est offerte au monde. Elle dit qu'il ne faut jamais reprendre ce que l'on a donné.

Une belle histoire illustre le fait que les mahatmas ne peuvent faire autrement que donner. Leur cœur est tellement rempli d'amour qu'ils débordent de compassion.

Un mahatma, un potier issu d'une basse caste, continuait à exercer son art après la réalisation. Tous les jours il allait dans la forêt, prenait de l'argile et tournait dix pots. Le reste du temps, il méditait. Il aurait bien voulu donner ses pots aux villageois, mais comme il appartenait à la plus basse caste, personne n'en voulait.

Un jour il a mis au point une stratégie. Il est passé dans chaque maison en disant qu'il avait des pots à vendre : « J'ai dix pots à vendre. Est-ce que cela vous intéresse? C'est 15 roupies le pot. » Les gens du village étaient furieux parce qu'un pot ne coûtait jamais plus de 10 roupies. Ils lui ont dit qu'ils ne voulaient pas de ses pots, qu'ils pouvaient en acheter ailleurs pour moins cher.

Le potier, sachant très bien qu'il avait apporté *dix* pots, leur disait : « D'accord, puisque vous ne voulez pas les acheter, je vais reprendre les *neuf* pots que j'ai apportés, ». Les gens se disaient alors que le potier s'était trompé et qu'ils pouvaient garder le pot en trop. Il a ainsi laissé un pot dans chaque maison. Les villageois n'ont jamais imaginé qu'il l'avait fait exprès.

C'est ainsi que Dieu nous donne toujours sa grâce même si nous pensons ne pas en avoir envie ni même besoin. Nous ne pourrons jamais comprendre exactement comment un maître parfait travaille sur nous pour nous arracher à la souffrance que nous nous infligeons à nous-mêmes. Notre mental et notre intellect limités ne perçoivent qu'une fraction de ce qu'il donne.

Une dévote américaine avait trouvé en Amma ce qu'elle cherchait depuis toujours : une mère aimante et un guide spirituel qui la conduise de l'obscurité vers la lumière. Elle avait compris que seule la grâce d'un guide spirituel pouvait combler le vide qu'elle ressentait et lui apporter la plénitude. Pendant un programme du soir à l'ashram de San Ramon, alors qu'elle parlait à l'une de ses amies qui s'occupait du parking, une femme a interrompu leur conversation : « Là-haut, sur la colline de méditation, il y a un de vos gars qui a besoin d'aide ! »

Son amie a appelé les gens de la sécurité avec son talkie-walkie pour leur demander d'aller là-haut. Puis elle lui a lancé d'un air détaché : « Pourquoi ne vas-tu pas voir ce qui se passe toi-même ? »

En acquiesçant, elle est partie voir. Une sucette à la bouche, elle a monté la côte.

Il n'y avait pas de lune, il faisait presque nuit et elle n'y voyait pas grand-chose. Elle a discerné sur sa gauche une sorte de tas de vêtements. En s'approchant, elle a entendu une voix : « Hé, vous pouvez m'aider ? » C'était un Australien, membre de l'équipe de sécurité.

En s'habituant à l'obscurité, elle s'est aperçue que le tas de vêtements était un corps à corps de deux hommes. L'Australien était cloué au sol par un homme assis sur lui.

Comprenant enfin la situation, elle s'est immédiatement mise à tirer en arrière le jeune agresseur qui s'est débattu. Pour le maîtriser, elle l'a prestement plaqué au sol en lui maintenant le bras droit dans le dos. Il continuait à tenter de se relever malgré la clef, mais loin de le lâcher, la femme a resserré sa prise. Elle était ferme et calme, dépourvue de colère, elle le maîtrisait un point c'est tout. En fait, elle avait peur de lui faire mal, tant il se débattait. Au bout de quelques minutes, l'autre garde est arrivé. Il a bondi sur le gars pour le maîtriser de l'autre côté. Complètement épuisé, le jeune homme s'est calmé. Les deux Australiens se sont tournés vers celle qui était venue à leur rescousse et l'ont regardée avec un grand sourire. Elle ne savait pas bien s'ils souriaient parce que c'était une femme qui était venue au secours d'un des leurs ou parce qu'elle avait gardé tout le temps sa sucette à la bouche.

Elle n'est pas allée raconter son histoire à Amma, de peur de gonfler son ego. Mais l'anecdote a très vite fait le tour de l'équipe d'organisation. Tout le monde a appris qu'une fille était venue à l'aide de deux costauds australiens de la sécurité. Amma a trouvé que c'était merveilleux qu'une femme se soit portée à leur secours et elle a raconté une version hilarante de cette histoire : une fille montait tranquillement la côte, une sucette à la bouche ; elle a vu un fou qui se battait avec les gars ; elle s'est approchée et a fait voler le fou d'un coup de sucette.

A San Ramon, une dame a très gentiment remis à cette femme une décoration en papier : la médaille de l'Héroïne à la Sucette. Notre héroïne pensait que cela ferait rire Amma et a donc gardé cette décoration épinglée sur son vêtement en espérant la lui montrer plus tard.

A la fin du tour, le staff a pique-niqué avec Amma à Boston juste avant son départ pour l'Inde. Amma passait des assiettes à tout le monde et quand son tour est venu, cette femme lui a montré sa décoration.

Amma a demandé à l'Australien de raconter comment il avait été secouru. A la fin de son histoire, Amma a pris la décoration pour raconter une histoire à sa façon :

« Un incendie faisait rage. Le feu était si déchaîné qu'on n'arrivait plus à le maîtriser. Tous les camions de pompiers avaient peur d'approcher. D'autres camions sont arrivés en renfort mais aucun n'osait affronter l'incendie. Soudain un nouveau camion surgi de nulle part a foncé en direction de l'incendie ; alors les chauffeurs des autres camions ont repris courage et l'ont suivi sur le champ.

Ils ne mirent pas longtemps à éteindre le feu. Comme ils étaient fiers du courage du conducteur du premier camion de pompiers, ses collègues ont décidé de lui remettre une décoration. Ils ont organisé un grand banquet en son honneur. En présence de tout le monde, au milieu des applaudissements, ils lui ont demandé ce qu'ils pouvaient faire pour lui témoigner leur gratitude. Il a répondu : « Je voudrais qu'on répare les freins de mon camion de pompiers ! »

Tout le monde a éclaté de rire. Amma a levé la décoration bien haut en disant: « Est-ce que c'est pour cette raison qu'elle a reçu cette décoration ? » Dans le silence complet, l'héroïne à la sucette n'en menait pas large. En un instant, elle a revu mentalement le film de cette soirée en s'interrogeant sur sa façon d'agir. Puis Amma s'est tournée vers l'Australien en disant : « Je t'avais demandé de raconter cette histoire de ton point de vue à toi. L'histoire du camion de pompiers, c'est à toi qu'elle s'adressait ! »

Et puis elle a imité la femme en train de lécher sa sucette. Elle roulait les yeux comme une enfant et ensuite elle a fait semblant de donner un coup de sucette au méchant. Tout le monde a ri. Avec un grand sourire, Amma a regardé la décoration pendant un bon moment avant de dire devant tout le monde que cette femme avait eu beaucoup de courage. Elle l'a embrassée sur le sommet de la tête et lui a rendu sa décoration.

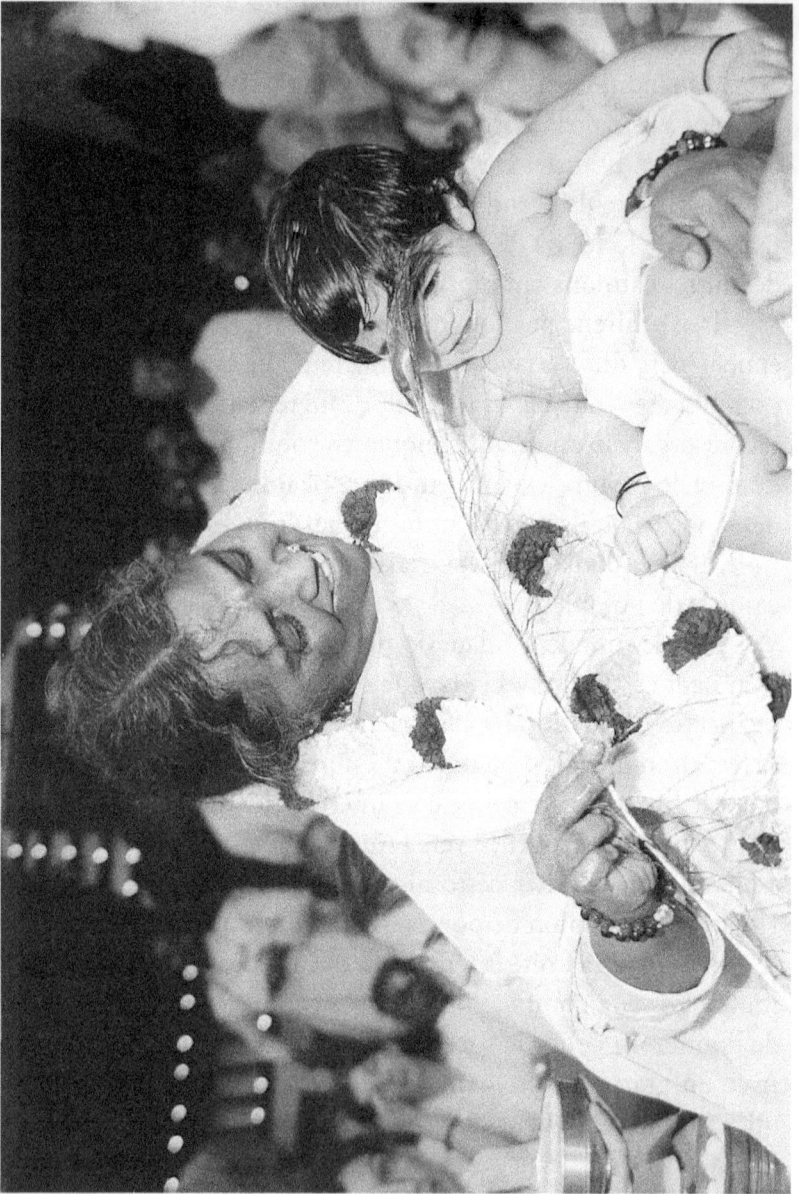

Cette femme savait qu'elle n'avait été qu'un instrument entre les mains du maître. Elle était passée à l'action, mais son mental était resté totalement calme et présent. Elle n'avait éprouvé ni peur, ni anxiété ni inquiétude. Elle n'avait pas pensé à ce qui pouvait arriver, elle n'avait pas non plus été paralysée par des souvenirs. Elle avait simplement eu la bonne réaction au bon moment. Elle se serait lourdement trompée en pensant que c'était elle qui avait agi. Elle avait entendu dire que c'est la grâce du guru qui nous permet de réussir de grandes entreprises.

Plus tard, cette femme a compris que la véritable héroïne de cette histoire, c'était la sucette, symbole de l'innocence des enfants. La leçon à tirer, c'était qu'elle n'avait jamais lâché sa sucette, ou plutôt... que la sucette ne l'avait jamais lâchée. Dans cet état d'innocence vraie, nous mettons de côté l'ego et la grâce du guru ne manque pas de nous tirer d'affaire.

Amma nous rappelle que nous ne sommes jamais seuls. L'amour et la lumière suprêmes nous guident toujours, mais il faut que nous laissions Dieu nous prendre par la main. Pour ce faire, nous devons nous abandonner. En nous abandonnant, nous laissons la grâce nous habiter et nous trouvons le véritable bonheur ainsi que la paix mentale.

Une Sud-Américaine qui avait été pilote de ligne m'a raconté qu'elle avait un jour rêvé d'Amma. Elle était en général copilote de 747. Elle maîtrisait sa vie, du moins le croyait-elle, jusqu'à ce qu'elle fasse un rêve : Assise au tableau de bord, elle sursautait regardant le pilote : Amma était aux commandes ! Amma lui avait souri en disant : « C'est moi qui pilote l'avion ! » Elle s'était réveillée tout heureuse, soulagée de savoir que sa vie était vraiment dans les meilleures mains qui soient.

A Lucknow, en 2006, Amma a accepté de se rendre chez un dévot à la fin du programme du soir. Le propriétaire de la maison avait reçu plusieurs récompenses pour son oeuvre auprès de personnes handicapées. Il était également l'auteur de nombreux livres à ce sujet. Un de ses fils était en fauteuil roulant depuis l'âge de 17 ans. Il avait également de graves problèmes respiratoires. La tristesse nous a envahi en voyant dans quel état se trouvait le fils aîné. Puis, sortant de la pièce voisine, le deuxième fils s'est dirigé vers Amma à pas très lents, il avait du mal à mettre un pied devant l'autre et se servait d'un déambulateur. A 17 ans, il avait été atteint de la même maladie dégénérative des nerfs que son frère. Leur souffrance faisait peine à voir.

Amma leur a demandé à quelle heure ils se levaient le matin. Tous les deux lui ont répondu qu'ils se réveillaient à 5 heures du matin et se couchaient à minuit, ils dormaient donc 5 heures par nuit. Ils avaient tous les deux un travail stable. Le premier avait une librairie et le deuxième travaillait dans une banque. Ils s'efforçaient d'être joyeux et d'aider leurs clients. En dépit de leur handicap, ils étaient très disciplinés et travaillaient aussi dur que n'importe qui. Nous avons été profondément émus de les voir accepter leur situation, malgré leurs souffrances.

Au cours de ce même tour, un peu avant cette visite, lors d'une pause *chaï*, un Hollandais a raconté au groupe ce qui lui était arrivé la veille au soir. Il faisait partie de l'équipe qui gère la foule pendant le *darshan*. A la fin des *bhajans* du soir, il s'était dépêché de rejoindre le début de la file d'attente pour essayer de contenir la foule derrière les barrières. Imaginez un bus bondé en Inde aux heures de pointe, et vous aurez une petite idée de la bousculade des files d'attente du *darshan*. Il faut au moins une heure pour que la furie s'apaise.

Tout à coup, un dur s'est planté devant lui en demandant:
« Est-ce que je peux passer au darshan, et vite ?
- Avez-vous un ticket ? a demandé le Hollandais.
- Non, a répondu l'homme, je suis de la police. »

Il n'était pas en uniforme et le Hollandais avait déjà entendu des centaines d'excuses : il y avait les mères malades, les cardiaques, les blessés, les enfants handicapés ou tout simplement des gens tristes au regard suppliant.

« Vous avez des papiers d'identité?

- Non, mais j'ai un revolver, avait-il répondu en mettant la main à la hanche. »

Un peu intimidé, le hollandais avait vérifié en passant la main sur la hanche de cet homme. Ce n'était pas du bluff. Très nerveux, le dévot a déclaré d'un ton très ferme : « Non, vous ne pouvez pas passer au *darshan* avec un revolver. » Ignorant ses intentions, il avait lentement repoussé cet homme pour l'éloigner le plus possible d'Amma et de la foule.

L'homme avait demandé gentiment :

« Est-ce que je pourrai passer au *darshan* si je vous confie le revolver ?

- Oui, si vous me donnez le revolver » a répondu le hollandais, en se disant qu'au moins il éviterait le pire !

Cinq secondes plus tard, il se retrouvait avec un gros revolver dont il ne savait que faire. C'était la première fois qu'il en tenait un et il se sentait mal à l'aise. Finalement, il a fait signe à un des *swamis* responsables pour qu'il vienne l'aider à se sortir de cette situation délicate. Au terme d'une longue discussion, cet homme a finalement eu le droit de passer au *darshan*.

Entre-temps, intrigués par ce manège, d'autres gens du groupe étaient venu voir le revolver que le Hollandais cachait sous sa chemise, à la James Bond. En plaisantant, certains s'étaient demandés comment un policier avait pu laisser son revolver à un étranger.

Le policier avait les larmes aux yeux après son *darshan*. Il a expliqué qu'il avait fait plus de 150 kilomètres en moto pour venir voir Amma. Ne pouvant pas passer au *darshan* avec son revolver, il avait dû se résigner à passer sans son arme. Il se rendait compte du risque qu'il avait pris : si ses supérieurs apprenaient qu'il avait confié son revolver, il perdrait sa place.

C'est précisément à ce moment-là qu'un homme politique local arriva. C'était un dévot d'Amma qui avait une certaine notoriété dans la région. En fait, on avait chargé le policier en question de veiller sur sa sécurité. L'homme politique tança sérieusement le policier mais ce dernier afficha un air surpris avant d'esquisser un sourire qui se transforma en rire quand il déclara : « Je m'en remets à « Ma », alors qu'est-ce que vous voulez qu'il m'arrive ! » C'était sans appel.

Amma dit que les gens veulent souvent obéir à leur conscience sans tenir compte de ce que dit le maître. Mais notre conscience est enracinée dans les pensées du mental, lui-même enraciné dans *maya* et l'ignorance ; alors où tout cela peut-il bien nous mener ? Amma dit : « Ayez foi, ayez foi en l'existence du guru. Seule la foi en un maître parfait vous aidera à lâcher l'ego et toutes les pensées égocentriques pour vous permettre de mener une vie belle et d'embrasser tendrement la mort. »

La beauté de notre vie se reflète dans la beauté de notre mort. Mais la vie n'est belle qu'à condition de s'en remettre à un maître authentique, ce qui revient à s'abandonner à la vie.

Chapitre 16

Avancer sur le chemin spirituel

*Sers-toi de ce que tu as acquis pour
développer ta compréhension*

Proverbes 4:7

Certains ont peur de perdre leur liberté en s'engageant plus profondément dans la spiritualité. Mais s'abandonner, ce n'est pas disparaître, c'est commencer quelque chose de magnifique.

Un dévot, ayant appris qu'un ashram se construisait en Californie, rêvait de s'y installer mais doutait d'avoir la force spirituelle nécessaire. Il écrivit à Amma : « Je veux voir Dieu, mais je désire aussi me marier et fonder une famille. Dois-je déménager pour aller vivre au nouveau centre d'Amma ? »

Voici la réponse d'Amma :

« Amma sent bien la confusion qu'éprouve son fils. Notre vie entière est une lutte contre nos vasanas (tendances latentes, désirs pour les objets de ce monde). Pour savoir si tu as la force de vivre à l'ashram, vas-y, essaie. Il est bien sûr possible de mener une vie spirituelle tout en étant marié, mais les obstacles sont plus nombreux. Celui qui a la conviction absolue que tout appartient à Dieu et qu'il n'y a rien d'autre peut choisir n'importe quelle voie. Quoi que tu choisisses, sache qu'Amma marche auprès de toi en te tenant par la main et qu'elle te guide à chaque pas. »

Profondément ému par la lettre d'Amma, ce dévot a décidé d'aller vivre en Californie et de participer à la construction de l'ashram. Au fil des années, il a constaté qu'Amma lui tenait toujours la main pour le guider.

Il y a des années, assise sur un tas de sable à l'ashram d'Amritapuri, une dévote parlait avec Amma. Quelqu'un traduisait. Sans réfléchir, par jeu, elle a demandé : « Amma, s'il te plaît, dis-moi quel est mon plus gros défaut. »

Amma a esquissé un petit sourire tout en hésitant à répondre mais comme la dévote insistait, elle a fini par déclarer calmement : « Critique. »

Elle a éclaté de rire et Amma aussi. Un peu jalouses de la voir s'amuser avec Amma, les personnes présentes ont voulu savoir ce qui avait déclenché leur hilarité. En y regardant de plus près, la jeune femme savait très bien ce qui l'avait fait rire – Amma avait vu absolument juste.

Voici la suite de son histoire :

« J'étais ravie qu'Amma m'ait démasquée. Elle voulait que je la masse ; elle avait des épaules de footballeur. J'ai obéi, un peu gênée par tant de familiarité. Mais chaque fois que je retirais timidement la main, Amma insistait pour que je continue. (Elle voulait certainement adoucir le choc à venir). Elle a eu alors un geste très tendre ; comme une mère, celle que je n'avais jamais eue, avec une infinie douceur, elle m'a relevé les cheveux pour me dégager le front.

Pensant avoir la force d'accepter, j'ai insisté : « Quel autre défaut ai-je encore? ». Amma a beaucoup hésité, de peur de me blesser, mais j'ai réitéré ma question. J'étais très fière d'avoir encaissé « critique », alors je voulais qu'elle continue.

Elle m'a regardée l'air réticent, sachant que la suite n'allait pas me plaire, mais comme j'insistais, elle a fini par me dire : « Jalouse. »

J'étais bouleversée. Ce qualificatif ne correspondait pas du tout à l'image que j'avais de moi-même. Cette fois je n'ai pas ri.

Amma a voulu me réconforter en ajoutant gentiment : « C'était juste pour te taquiner ! » Dans mon for intérieur, je pensais qu'elle avait tort, mais des années plus tard, je me suis rendu compte qu'elle avait parfaitement raison.

J'avais été blessée par le mot « jalouse ».

« Dis-moi quelque chose de gentil maintenant, » ai-je ajouté. Je me rends compte maintenant que c'était stupide.

« Non, a répondu Amma, cela gonflerait ton ego, et la flatterie n'amène rien de bon. Ne fais pas comme les insectes qui mangent les feuilles. Sois comme les papillons qui volètent légèrement en profitant de leur courte vie pour réjouir le monde. »

Amma nous dit de cultiver toutes les qualités de Dieu, celles que les gurus expriment par leurs actions. En regardant les perles d'un collier en cristal, il est facile de voir le fil par transparence. De même, grâce aux mahatmas, la présence de Dieu devient tangible. Les mahatmas peuvent nous servir de miroir et nous révéler notre véritable nature dans toute sa pureté.

Une jeune femme éplorée est venue voir Amma parce que son mari l'avait quittée sans raison apparente. Elle pleurait sur les genoux d'Amma, persuadée de n'avoir rien fait de mal. Amma lui a suggéré qu'elle avait dû rendre son mari malheureux, mais elle assurait qu'il ne s'était rien passé. Amma a ajouté qu'un homme veut tout l'amour de sa femme et qu'elle ne le lui avait pas donné. La dame a accusé le choc, mais son darshan étant terminé, elle a dû laisser la place à la personne suivante et la conversation en est restée là.

Plus tard, en réfléchissant aux paroles d'Amma, cette jeune femme a compris ce qui s'était passé. Elle s'est rappelée que, quelques années auparavant, à la mort de son beau-frère, elle s'était occupée du bébé de sa soeur, l'avait nourri, lavé et habillé. Tout ce temps consacré à l'enfant avait créé un lien très fort entre eux. Après son mariage, elle pensait encore beaucoup à lui et ils se téléphonaient assez souvent.

Maintenant, elle comprenait les paroles d'Amma. Elle avait oublié le temps et l'attention consacrés à cet enfant. Cette révélation l'a secouée, mais la grâce d'Amma lui a fait prendre conscience de ce qui avait poussé son mari à la quitter. Amma est omnisciente, elle connaît nos défauts et voit comment ils empoisonnent nos relations avec les autres.

Au printemps qui a suivi le tsunami, Amma a invité plusieurs milliers d'enfants à l'ashram pour un stage de quatre jours. Un résident de l'ashram venait de dire le matin même qu'il arrivait à peine à s'occuper de ses propres enfants et qu'il se voyait mal en avoir d'autres à charge. Pas plus tard que le soir même il se voyait confier la responsabilité d'une centaine d'enfants. Tous les brahmacharis qui étaient venus à l'ashram pour échapper à la vie de famille ont dû s'occuper d'une centaine d'enfants chacun.

Pendant ces stages, nous avons été mis à rude épreuve par bon nombre d'enfants qui couraient comme des sauvages partout dans l'ashram. Ils cassaient des pots de fleurs, enfermaient des gens à l'intérieur de leurs chambres, fabriquaient des avions en papier qu'ils faisaient voler du haut des balcons des appartements ; ils se battaient à coups de polochons, éventraient des oreillers et secouaient de la bourre partout. On aurait dit un deuxième tsunami.

Au moment des bhajans, malgré nos remontrances, les enfants applaudissaient bruyamment Amma à la fin de chaque chant. Ils faisaient un tintamarre du tonnerre qui couvrait la musique. Toutes les cinq minutes, ils se levaient pour aller aux toilettes, gênaient les autres, faisaient le cirque. Nous acceptions mal un tel remue-ménage, mais Amma voulait que ces enfants oublient leurs souffrances et surmontent leur traumatisme en se sentant libres et joyeux à l'ashram. Puisqu'elle voulait qu'ils s'attachent à elle et à l'ashram, Amma n'était pas trop sévère.

Les enfants échappaient apparemment à tout contrôle, mais restaient tout de même sous la protection d'Amma. Elle avait demandé qu'on leur donne des leçons de natation pour les aider à dépasser leur peur de l'eau. Un jour, de bon matin, une des monitrices a éprouvé le besoin de se précipiter à la piscine de toute urgence. En ouvrant la porte, elle a vu un petit corps qui flottait sur le ventre, le nez dans l'eau. Elle a immédiatement plongé pour sortir le jeune garçon. Étant assez corpulente, elle peinait souvent à se hisser hors de la piscine, mais heureusement, cette fois, elle a réussi à sortir avec l'enfant sous le bras. Sur le rebord, elle lui a fait la respiration artificielle avant qu'il ne soit emmené à l'hôpital.

L'enfant s'est rétabli à une vitesse incroyable. La piscine était fermée à clé, mais cet enfant turbulent avait escaladé le mur et sauté à l'eau sans savoir nager. Heureusement, l'animatrice était arrivée juste à temps.

Elle raconta plus tard qu'elle n'avait eu aucune raison de rejoindre son poste plus tôt ce jour-là si ce n'est qu'elle s'était sentie poussée par une force irrésistible, due, elle n'en doutait pas, à l'intervention divine d'Amma.

Pendant les quatre jours de stage, Amma a offert aux enfants la possibilité de lui parler lors de séances de questions/réponses. Un enfant lui a dit : « Amma, s'il te plaît, pardonne-nous, nous n'avons pas été sages du tout. Amma nous donnera-t-elle sa bénédiction malgré nos bêtises ? » Ravie, Amma a répondu : « Vous avez bien sûr la bénédiction d'Amma. Vous n'avez pas été très méchants. Dans son enfance, Amma était bien plus désobéissante que vous. »

Amma savait qu'il fallait s'occuper de ces enfants à tous les niveaux. Ayant tout perdu, ils auraient pu se sentir abandonnés ; mais l'amour indulgent d'Amma leur a beaucoup apporté. A un niveau très profond, Amma a aidé ces enfants à dépasser leurs traumatismes. Elle a essayé de leur donner de solides bases d'amour pour qu'ils se sentent soutenus, guidés et en sécurité toute leur vie.

En quittant Trichy en voiture, à la fin d'un programme du tour du sud de l'Inde, début 2007, Amma a remarqué des cabanes construites au bord de la route, le long de la voie express. Elle était très triste de voir ces huttes recouvertes de feuilles de palmiers. Tant de pauvreté lui rappelle immanquablement la misère dont elle a été témoin dans son enfance. En voyant ces tristes conditions de vie, elle rêve que tout le monde en Inde ait un jour au minimum une petite maison de deux pièces et puisse manger à sa faim, au moins une fois par jour.

Même si la vie est difficile dans les villages, les gens sont prêts à donner ce qu'ils ont aux pauvres. En général, ils n'ont rien d'autre à offrir que de la nourriture, et les invités sont bien nourris. A la campagne, les gens ne pensent pas à mettre quelque chose de côté pour leur repas du lendemain ; ils vivent au jour le jour. Malgré leur pauvreté, ils sont prêts à aider les autres. Amma dit que personne ne meurt de faim dans les villages. Les gens s'entraident dans la mesure de leurs possibilités.

Amma a expliqué qu'à la campagne, les pauvres sont très fiers du peu qu'ils ont. Dans la cuisine, les ustensiles en métal sont si bien astiqués qu'ils brillent comme des miroirs. Quand Amma était jeune, sa mère était impitoyable quand elle lui apprenait à faire la cuisine. Amma n'avait pas le droit de laisser tomber la moindre parcelle de cendre dans la nourriture, sinon elle était punie pour son manque de soin.

La mère d'Amma mettait un point d'honneur à bien recevoir les visiteurs et à leur donner ce qu'elle avait de meilleur, même si les membres de la famille devaient se passer de manger.

Aujourd'hui encore, malgré leur dénuement, certains donnent quand même des châles ou des dhotis à Amma, tant ils désirent

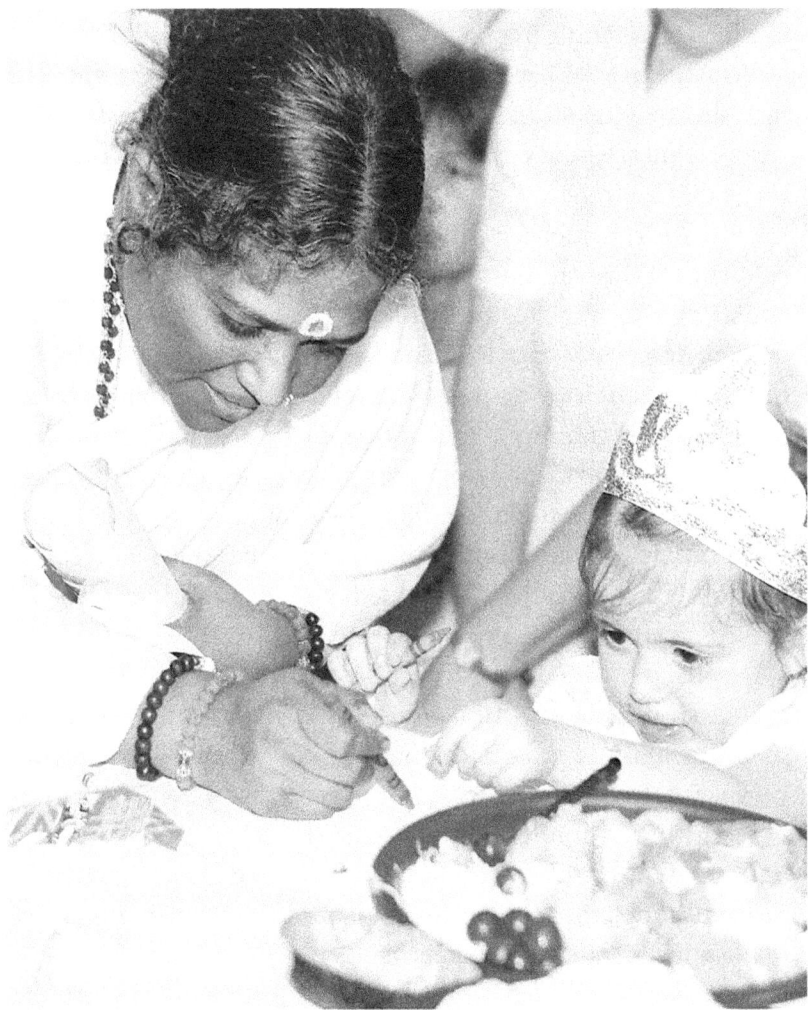

ouvrir leur cœur en faisant un don. Dès qu'ils ont une tenue de rechange, une seule, ils viennent l'offrir à Amma.

Élevée à la campagne, Amma a la façon de penser des villageois ; elle est toujours prête à donner, sans peur du lendemain. Quand le tsunami a frappé, Amma a voulu donner tout ce qu'elle avait, sans penser à l'avenir. Elle s'est engagée à verser 23 millions de dollars – plus que ce qu'elle avait – tant elle était certaine de réussir à motiver ses enfants pour qu'ils comblent le déficit à la sueur de leur front.

En 2007, Amma a été invitée à participer à une réunion avec le Premier Ministre du Maharashtra. Les hauts fonctionnaires voulaient avoir son avis sur la manière d'enrayer l'augmentation du taux de suicides dans leur état. Les membres du gouvernement ont compris que les mesures qu'ils proposaient ne suffisaient pas et qu'il fallait aussi un soutien spirituel. Ils n'attendaient pas d'aide financière, mais dans sa compassion infinie, Amma a d'elle-même offert plus de 45 millions de dollars. Partout en Inde, elle s'organise pour que, dans les zones sinistrées, les gens puissent recevoir des conseils et de l'aide. Quand le besoin s'en fait sentir, elle ne peut pas s'empêcher d'aider.

Voir les villageois perdre leur innocence est une source de grande tristesse pour Amma. A la campagne, les gens n'ont pas la même mentalité que les riches citadins. Au besoin, les pauvres des campagnes donnent tout ce qu'ils ont, contrairement aux nantis qui veulent accumuler toujours plus de richesses. Ils ont beau amasser des fortunes colossales, leur avidité demeure insatiable. Sur leur lit de mort, ils continuent à penser au lendemain et à ce qu'ils pourraient encore acquérir.

Les flammes d'un incendie sont relativement faciles à éteindre en comparaison de la flamme dévorante du désir. Il est sans limite. C'est ainsi que, tragiquement, nous perdons notre précieuse énergie vitale à courir après ce qui ne nous rendra jamais heureux.

Au Japon, une dame m'a confié que la vie ne lui apportait plus de satisfaction et lui semblait infiniment stressante. Quand je lui ai conseillé de trouver un but à sa vie, elle a été très surprise ; elle n'y avait jamais pensé. Sans but, la vie semble vide. Enfermé dans le cycle du samsara, notre mental oscille entre joie et peine, à la manière d'un pendule. Amma nous assure qu'après avoir été dans un sens, le balancier ira obligatoirement dans l'autre.

Amma nous répète que pour trouver la paix, il faut apprendre à contrôler notre mental ; c'est la grâce acquise par nos bonnes actions qui nous aidera à le maîtriser.

Tout le monde cherche la joie et la paix intérieures. Mais nous les cherchons rarement au bon endroit. Si par chance nous arrivons auprès d'un maître, notre attitude laisse parfois à désirer.

Il y a plusieurs années, mon père a décidé de venir me voir à l'ashram, en Inde. A plus de soixante-dix ans, son existence ne le satisfaisait apparemment plus. Je me suis demandé si, vers la fin de sa vie, il n'avait pas eu l'impression d'être passé à côté de l'essentiel. Il savait que j'avais trouvé quelque chose d'extraordinaire et voulait en avoir le cœur net. Il avait donc suivi ma trace.

Comme j'avais voyagé seule en Asie pendant quelques années avant de venir vivre auprès d'Amma, il a voulu en faire autant. Il est allé partout où j'étais allée, tout seul lui aussi. Mais il était plus vieux et aucun changement ne s'est produit en lui.

Quand il est arrivé en Inde, il est venu voir Amma à l'ashram. Il lui a serré la main – c'était probablement la première personne au monde qui donnait une poignée de mains à Amma. Je dois dire que sur le moment j'ai été très gênée, mais avec du recul, je comprends sa bévue, car il ne savait pas du tout qu'on se prosterne devant une sainte ni comment on la salue.

Après cette poignée de mains, Amma l'a bien vite pris dans ses bras, comme elle a l'habitude de le faire si affectueusement. (Je pense que ce fut le tour de mon père de se sentir un peu mal à l'aise) Il a ensuite serré la main de la mère d'Amma qui s'est mise à rire comme une petite fille. C'était assez amusant de voir cet Australien en Inde, son éternel chapeau de fermier vissé sur la tête. Mon père a passé deux semaines à l'ashram sans vraiment comprendre en quoi Amma avait donné un sens à ma vie. Il se sentait trop vieux pour changer, mais il était heureux de me voir épanouie, avec un but dans l'existence.

Son expérience m'a enseigné que tant que le cœur n'est pas ouvert, il est inutile de singer quelqu'un d'autre dans l'espoir de trouver la paix intérieure.

En automne 2006, en rentrant des USA, nous avons passé une nuit à l'ashram d'Amma en Allemagne. Amma a fait entrer ceux qui, dehors dans le froid, essayaient de l'apercevoir. Il avait neigé. Je tenais la porte pour laisser entrer tout le monde ; à la fin il ne restait plus qu'un chien. « Désolée, pas toi ! » ai-je dit, mais Amma entendait bien le faire entrer lui aussi. Je voulais éviter qu'il ne tache le tapis avec ses pattes sales, mais Amma n'en avait cure.

Amma a demandé son nom et l'a appelé « Lucky » plusieurs fois. Elle a voulu qu'on lui raconte l'histoire de ce chien. Elle a raconté que les chiens nous aiment sans condition en dépit de tout ce que nous leur faisons endurer. Que nous parlions ou plaisantions, ils savent rester vigilants et remplir leur mission protectrice. Ils connaissent – plus que les êtres humains – l'amour inconditionnel qui est l'essence de la spiritualité.

Les gens se demandent à quoi on peut mesurer ses progrès spirituels. Amma répond que la croissance spirituelle amène plus d'ouverture, de patience, de compassion et fait diminuer la colère. Cesser d'être perturbé par ce qui arrive à l'extérieur est aussi un signe de progrès. Faisons en sorte que notre *sadhana* serve à cultiver ces qualités, sans trop nous préoccuper du reste.

La vie spirituelle est d'abord et avant tout censée purifier notre mental. Nous pensons que le monde extérieur est pollué, mais la pollution est pire à l'intérieur de nous-mêmes.

Le monde extérieur n'est que le reflet de notre monde intérieur. Nos pensées, nos paroles et nos actions négatives représentent le plus mortel des poisons, bien plus grave que toutes les pollutions environnementales. Pour affronter les difficultés de la vie moderne, retrouvons le pouvoir purificateur de la spiritualité.

Chapitre 17

La lumière dans l'obscurité

*Quelqu'un a allumé une bougie dans notre
monde de ténèbres. Ne vous plaignez pas
de l'obscurité, suivez cette lumière.*

T. Ramakrishnan

Quand nous avons du chagrin, Amma nous conseille de nous intérioriser pour en découvrir la cause cachée. Notre peine révèle la vérité. Essayons de comprendre que personne ne peut nous aimer plus que lui-même ni nous aider tout le temps. Si nous comprenons que Dieu est notre seul refuge, cela nous aidera à nous détacher des autres ; aimons-les mais veillons à ne pas trop nous attacher, sinon la souffrance ne manquera pas de nous rattraper.

Dieu nous a donné la liberté de choisir entre le rire et les larmes. Même dans l'obscurité, efforçons-nous de préserver notre lumière intérieure. Chacun gère les catastrophes à sa manière. Certains en profitent pour essayer de réorienter leur façon de vivre. Les circonstances leur imposent de renoncer à leurs mauvaises habitudes, de mener une vie plus vertueuse et de se consacrer au service d'autrui. D'autres, en revanche, prétextent toujours le même événement douloureux de leur passé pour fuir et justifier tous leurs échecs.

En réalité, chacun de nos problèmes ressemble à une petite graine prête à germer et à donner une plante magnifique. Apprenons à profiter de l'adversité pour grandir.

A l'âge de 67 ans, Thomas Edison a vu son usine ravagée par un incendie ; mal couvert par un mauvais contrat d'assurance, l'inventeur a regardé le travail de toute une vie partir en fumée, mais cela ne l'a pas empêché de voir le bon côté de cet incendie qui avait du même coup effacé toutes ses erreurs : « Dieu merci, maintenant, nous pouvons repartir à zéro. » Trois semaines après la tragédie, cet homme très motivé s'est remis au travail avec enthousiasme et a inventé le phonographe.

En 2002, dans un petit village du Pakistan, les aînés d'une tribu ont appelé au viol collectif d'une jeune musulmane sous le prétexte de venger l'honneur d'une famille de leur tribu, déshonorée par le frère cadet de la jeune femme. Il était accusé d'avoir connu une de leurs filles. Au Pakistan, les crimes commis contre les femmes restent souvent impunis. Mais cette femme est sortie de son silence pour porter plainte, allant même devant la plus haute instance juridique de la nation. Quand les juges ont conclu à la culpabilité de ses agresseurs, le pays a été secoué par un vent de panique. Cette femme a ensuite utilisé l'argent que le gouvernement lui avait versé en dédommagement pour construire des écoles dans son village.

Maintenant, toutes les Pakistanaises voient en elle un symbole d'espoir pour la défense des droits de la femme. Timide et sans éducation la jeune femme aurait pu se laisser broyer par la cruauté du destin. Au contraire, elle s'est servie de cette tragédie pour améliorer la condition féminine dans cette culture aux coutumes terribles. Il lui a fallu une force et un courage immenses pour parler. Le magazine « Glamour » dont elle n'avait jamais entendu parler l'a élue « Femme de l'Année ». Elle a utilisé la récompense de 20 000 dollars qu'on lui avait décernée pour secourir les victimes du tremblement de terre du Pakistan et les femmes qui avaient subi le même sort qu'elle. Elle a su braver sa peur pour éviter à d'autres femmes de connaître le même malheur.

Quelqu'un a un jour demandé à Amma pourquoi elle affirme qu'il n'y a pas meilleur maître que le chagrin. Voici sa réponse : « J'ai toujours considéré le chagrin comme une lumière dans l'obscurité. Sur terre, des millions de gens sont déprimés parce qu'ils ne savent pas comment gérer leur détresse. Mais quand on remet sa tristesse à une Réalité supérieure, à Dieu, elle se transforme en pure énergie d'amour. Chacun a son lot de souffrances, mais le véritable but de la spiritualité, c'est d'apprendre à gérer le désarroi de façon positive, avec grâce et aisance. Pour maîtriser notre mental, nous avons besoin de grâce. Et pour recevoir la grâce, il faut que nous fassions de bonnes actions. »

Nous sommes sur terre pour progresser spirituellement. Nous pouvons tirer des leçons de chaque situation. Tout ce qui nous arrive est le résultat de notre *karma*. Quand nous rencontrons de petites difficultés, persévérons pour essayer de les surmonter. Si nous adoptons une attitude d'abandon, nous recevrons la grâce de surmonter tous les obstacles.

Lors d'un programme au Kérala, de nombreux dévots étaient tristes parce qu'un *brahmachari* refusait de continuer à donner des tickets de *darshan* à ceux qui venaient voir Amma. Il était déjà plus de minuit, Amma donnait le *darshan* depuis très longtemps et devait, pensait-il, prendre un peu de repos. Selon lui, elle n'avait pas à recevoir les gens indéfiniment, surtout s'ils étaient arrivés très tard dans la soirée.

Amma ne partageait pas son point de vue. Elle savait à quel point les dévots seraient malheureux de ne pas passer au *darshan*. Elle savait aussi que leur désespoir accroîtrait le mauvais *karma* de ce *brahmachari*. Pour alléger le *karma* de son disciple, Amma lui a demandé de nettoyer une centaine de paires de chaussures. Il en a astiqué une quinzaine de bon cœur. Le lendemain matin, ce *brahmachari* s'est mis en devoir d'en nettoyer encore une centaine. Certains sont allés en parler à Amma, trouvant scandaleux

de voir quelqu'un d'aussi haut placé nettoyer des chaussures. Par compassion, elle a autorisé ce *brahmachari* à cesser, tout en précisant bien que toute action engendre une réaction ; alors faisons bien attention de ne pas blesser autrui intentionnellement, sous peine d'avoir à en subir les conséquences par la suite.

Le nombre de ceux qui se débattent dans d'atroces souffrances, que ce soit à cause d'un cancer, d'une maladie mentale ou d'un deuil, est incalculable. En voyant leur détresse, soyons reconnaissants de ne pas avoir à souffrir davantage. Le cœur rempli de gratitude pour tout ce que nous avons reçu, faisons de notre mieux pour aider autrui.

Dans sa jeunesse, Amma a vu beaucoup de gens plongés dans une misère terrible ; ayant ressenti profondément leur détresse, elle en est venue à comprendre la nature éphémère du monde au point de vouloir le quitter. La cruauté du destin la mettait dans une telle colère qu'elle se mordait parfois jusqu'au sang. Cette souffrance la révoltait tant qu'elle s'arrachait les cheveux. Elle voulait même s'immoler par le feu pour s'offrir en martyre et faire cesser la souffrance.

Elle interpellait la nature : « Je ne veux pas voir tout cela ! » Il lui arrivait de parler dans une langue inconnue du commun des mortels. Amma dit qu'il lui venait des mots vulgaires et incompréhensibles qui n'appartenaient à aucune langue humaine et restaient inintelligibles. Ils montaient spontanément de son for intérieur et elle adressait ainsi de farouches reproches à la nature.

Amma priait toujours Dieu de ne jamais la laisser agir égoïstement, fût-ce une seconde, et de la punir si cela devait lui arriver un jour. En pleurs, elle implorait Dieu de lui accorder la grâce de voir son propre Soi en tout. C'est pour cette raison, dit-elle, qu'elle n'arrive jamais à bien faire la différence entre les hommes et les femmes. Sa vision bénie lui fait voir l'unité de toute la création. Nous sommes peut-être incapables de voir cette unité, mais en cultivant la compassion, nous pouvons au moins nous mettre à la place de ceux qui souffrent.

Il faut avoir souffert soi-même pour comprendre la détresse des autres. A condition de rester conscient, chaque expérience, bonne ou mauvaise, renferme une leçon.

On est un jour venu chercher une femme extrêmement serviable pour qu'elle s'occupe d'un voisin malade. En son absence, un de ses enfants a eu un accident mortel. Cette femme a pourtant réussi à accepter la tragédie.

Deux mois plus tard, alors qu'elle avait emmené ses deux petits garçons et les enfants de son ami pique-niquer à la plage, les petits ont échappé à son attention pendant qu'elle préparait le déjeuner et l'un des enfants s'est éloigné. Ses recherches sont restées vaines. Une patrouille n'a pas davantage permis de retrouver l'enfant. C'est seulement le lendemain qu'on a ramené le cadavre du petit.

Cette jeune mère était éperdue de douleur d'avoir perdu deux de ses enfants. Elle ne comprenait pas pourquoi Dieu la punissait ainsi. En pleurs, elle est allée à l'église voir un prêtre. Elle a épanché son cœur et le prêtre lui a assuré qu'il ne s'agissait pas d'un châtiment divin. Tout a une raison, fût-elle cachée et notre devoir est d'accepter.

« Mais pourquoi ? » a-t-elle demandé en pleurant.

Après une pause, le prêtre lui a posé une question:

« Qui les gens de notre église vont-ils voir dans les moments de détresse ? »

Au bout d'un moment elle a répondu : « Ils viennent me voir. »

« Exactement, » a dit le prêtre en souriant. « Alors tu vois bien que Dieu ne cherche pas à te punir ; ayant tant souffert toi-même, tu pourras réconforter les malheureux. »

Une famille qui avait un enfant atteint de la lèpre est venue voir Amma. La maladie rongeait les doigts du petit. Tristement, les parents ont demandé à Amma s'ils pouvaient envisager une euthanasie pour soulager cet enfant qu'on n'avait plus aucun espoir de sauver et qui ne pourrait jamais vivre dans des conditions décentes.

Amma leur a dit de ne jamais y songer. S'ils essayaient de fuir la situation présente, il leur faudrait renaître pour affronter le même problème. C'était leur destin d'apprendre la compassion à

travers cet enfant et de faire face à cette souffrance, tout comme c'était le destin de cet enfant de souffrir.

Les difficultés qu'on nous envoie ne sont pas là pour nous détruire mais pour nous permettre de nous révéler. Cultivons la patience pour connaître le bonheur et la paix qui en découleront. La souffrance peut réellement contribuer à la purification du mental. N'essayons pas de nous soustraire aux évènements, au contraire, apprenons à adopter la bonne attitude pour y faire face.

Je suis restée en contact avec une vieille amie d'enfance qui m'écrit tous les deux ou trois ans. En 2005 elle m'a raconté qu'on lui avait diagnostiqué un cancer avec des métastases et qu'elle avait été hospitalisée d'urgence pour une ablation du sein. Elle devait faire trois mois de chimiothérapie. On aurait déprimé à moins. Mais au lieu de se lamenter voici ce qu'elle m'a écrit:

« Hé bien, je fais de la chimiothérapie et je suis complètement chauve. Je porte une perruque et je dois dire que cela me plaît parce qu'elle est 300 fois plus belle que ma chevelure d'origine. Je parais dix ans de moins – curieux pour quelqu'un qui fait de la chimiothérapie ! Et en plus avec cette perruque, finies les corvées de shampoing et de brushing ! Je gagne une demi-heure le matin. Avec le crâne chauve, je nage plus vite et j'économise des centaines de dollars en colorations, coiffeur et shampoings... la calvitie a donc du bon.

Ce qui me plaît moins c'est que le port de la perruque n'est pas compatible avec la pratique du VTT. Je l'ai appris le week-end dernier : quand on passe dans les buissons, le postiche peut s'accrocher dans les branches et on se retrouve complètement chauve ! Et quand le chien se sauve avec la perruque (oui, les chiens adorent jouer avec les perruques) et qu'on doit passer la journée à lui courir après pour la récupérer, c'est bien gênant ! »

J'étais très fière de la voir lâcher prise avec tant d'humour et d'optimisme.

Nos malheurs nous aident à nous tourner vers l'intérieur. Quand un être cher se retourne contre nous, orientons doucement notre regard vers l'intérieur pour comprendre que le monde est ainsi fait. Dans ces moments-là, il devient plus facile de nous rappeler que Dieu est notre seul refuge.

Quand nous sommes malheureux, nous avons parfois tendance à en vouloir aux autres, ce qui risque de les attrister ou de les mettre en colère. Offrons plutôt nos souffrances à Dieu. A l'image de l'huître qui transforme quelque chose d'irritant et de douloureux en une perle précieuse, soyons créatifs pour mettre nos souffrances à profit.

Après le décès subit de son mari, une dévote indienne a décidé d'aller passer quelque temps chez sa fille en Amérique. Peu après son arrivée, elle a appris qu'elle devait se faire opérer de la cataracte. Elle était très inquiète d'avoir à subir une intervention à l'étranger, mais Amma lui a téléphoné juste avant l'opération. Elle lui a dit de ne pas se faire de souci, qu'elle serait avec elle pendant toute la durée de l'intervention. Pendant l'opération, la dame a eu une vision d'Amma en *Dévi Bhava* portant un beau sari vert. Elle s'est sentie profondément rassurée de savoir qu'Amma était effectivement avec elle.

Après l'opération, sa fille et son gendre l'ont ramenée dans leur appartement ; ils auraient préféré ne pas la laisser seule mais ils devaient aller travailler. Juste après leur départ, la dame a senti un parfum de rose et de jasmin qui l'a fait penser à Amma. Quelle ne fut pas sa stupéfaction de voir Amma en sari blanc, un mala de jasmin autour du cou ! Elles ont passé tout l'après-midi ensemble dans l'appartement à parler de l'opération et à discuter de mille choses.

A l'heure où sa fille et son gendre devaient rentrer, sachant qu'ils seraient très heureux de la voir, la vieille dame a supplié Amma de rester encore un peu, mais Amma a répondu qu'elle devait partir. Elle lui a alors demandé de lui laisser le *mala* de jasmin, en souvenir, mais Amma a répété : « Non, il faut que je parte maintenant, » avant de disparaître.

Cette femme était aux anges. Cette vision d'Amma l'a aidée à supporter l'opération et ses suites.

Amma est la seule véritable lumière dans notre monde de ténèbres. Grâce à elle, la lumière de la vérité et de l'amour éclaire notre chemin dans les moments les plus difficiles. Rappelons-nous que c'est à elle et à elle seule que nous devons confier nos problèmes, en sachant qu'elle est notre seul refuge.

Chapitre 18

Notre Mère à tous

Il y a une Puissance primordiale dans cet univers. Je considère cette puissance comme ma Mère. Et même si je choisis de renaître une centaine de fois, elle continuera à être ma Mère, et je continuerai à être son enfant.

Amma

On a fait un sondage dans plus de 100 pays non anglophones en demandant aux personnes interrogées quel était leur mot anglais préféré. 40.000 personnes ont participé au sondage et c'est « mother » (Mère), le plus doux des mots, qui a rassemblé la majorité des suffrages.

Une femme ne devient pas mère parce qu'elle met un enfant au monde. S'il incarne les qualités maternelles et s'occupe des enfants, un homme peut jouer le rôle de mère tout autant qu'une femme. On ne devient vraiment mère que si on transmet des valeurs justes à ses enfants. Traditionnellement, la mère s'occupe des enfants, leur donne ce dont ils ont besoin et les guide sur le chemin de la vie, tout en leur procurant paix et réconfort.

Amma dit que l'amour maternel s'est éveillé spontanément en elle pour répondre aux besoins de ceux qui venaient vers elle. Comme des enfants innocents, ils venaient la voir pour qu'elle résolve leurs problèmes. Ils l'appelaient « Mère » et elle les voyait comme ses enfants. Elle se considérait comme la mère de tous ; elle a commencé à étreindre les gens et à écouter leurs problèmes.

Comme un fruit est naturellement sucré, Amma est par nature maternelle et compatissante.

Les journalistes demandent souvent à Amma ce qu'elle ressent quand elle étreint les gens. Amma répond : « Il ne s'agit pas d'une étreinte banale, elle éveille les principes spirituels. C'est une expérience très pure. Je les vois comme un reflet de moi-même. Quand je regarde quelqu'un, je deviens cette personne, je sens ses joies et ses peines. Nous nous rencontrons au niveau de l'amour. »

A notre époque, beaucoup de gens sont prêts à léser autrui pour leur seul profit. Amma donne au contraire à des millions de gens l'envie d'aider, d'aimer et de servir l'humanité. Amma est établie dans l'expérience suprême mais elle ne reste pas tranquillement absorbée dans la béatitude. Elle consacre chaque minute à servir les autres. Tout ce que font les âmes réalisées est une bénédiction pour l'univers.

Amma captive les gens comme le parfum des fleurs séduit les abeilles. Nous réfrénons parfois l'ardeur de certains dévots qui courent derrière elle ou se bousculent pour monter dans le même ascenseur qu'elle, mais Amma nous gronde. Elle dit : « Il est si précieux de donner une seconde de bonheur à quelqu'un ! Si l'occasion s'en présente, pourquoi s'en priver ? »

Un célèbre acteur indien est venu voir Amma un soir à Mumbai (Bombay) ; dès qu'il est entré, il s'est dirigé vers Amma et a commencé à lui masser les épaules, les bras et puis les genoux. J'ai été choquée par tant de sans-gêne. En général, Amma n'est pas de notre avis et quand j'ai fait allusion à la familiarité de cet acteur, elle m'a répondu qu'il savait très bien masser et qu'il avait vu à quel point elle était fatiguée. Il l'avait considérée comme sa mère et innocemment, par amour pour elle, il lui avait spontanément massé les épaules pour tenter de la soulager. Un cœur de mère ne voit jamais que le meilleur chez ses enfants.

Un dévot a rencontré Amma pour la première fois en 1986. Il avait entendu parler d'elle chez lui, à Mumbai. De passage au Kérala avec son fils, il a décidé d'aller la voir. Dans le bus, son voisin lui a demandé où il se rendait. En apprenant l'objet de son voyage, cet homme s'est mis à raconter beaucoup de sornettes et de méchancetés sur Amma, l'accusant même d'être un agent de la CIA.

Le nouveau dévot a commencé à avoir un peu peur. Il a pensé qu'on avait peut-être essayé de le mystifier en l'envoyant voir Amma. Son voisin a ajouté : « A partir du moment où un de mes amis l'a rencontrée, il a tout quitté et maintenant il va la voir tout le temps ! » Le dévot a alors compris que c'était sans doute la moralité de cet homme qui était douteuse, et non celle d'Amma.

Son fils et lui sont arrivés à l'ashram au moment où Amma donnait le darshan dans le *kalari* (petit temple). Ils ont reçu un merveilleux *darshan* et sont restés toute la nuit. Le lendemain, Amma a appelé le nouveau dévot, elle lui a donné une graine de *rudraksha* et une autre à son fils. Au moment de partir, le garçon a soufflé tout bas à son père : « Amma aurait dû en donner deux autres pour mes grands frères. » Son père lui a dit qu'il serait impoli d'aller en demander deux autres. Soudain, Amma les a rappelés et a demandé au jeune garçon :

« Tu as combien de frères?

Deux » a-t-il répondu.

Quand elle les lui a données, l'enfant a bien remarqué que les deux graines de *rudraksha* étaient déjà prêtes dans la main d'Amma.

Ils s'apprêtaient à partir, quand Amma les a rappelés de nouveau. Cette fois, elle a pris un petit médaillon rond enfilé sur une chaîne en disant au jeune garçon de donner les *rudrakshas* à ses frères tout de suite en arrivant, mais de garder la chaîne jusqu'à ce que sa mère demande : « Est-ce qu'Amma vous a donné quelque chose pour moi ? »

En arrivant chez lui, le garçon avait tout oublié de cet incident Au bout d'un moment, sa mère lui a demandé s'il y avait quelque chose pour elle. Se rappelant alors le médaillon, il le lui a donné. Sa mère le porte encore aujourd'hui, 20 ans plus tard. Tous les membres de la famille sont devenus de fervents dévots et d'année en année, Amma leur a accordé beaucoup de joie. Heureusement, ils n'ont pas écouté les mauvais conseils de l'autre voyageur, sinon ils ne seraient peut-être jamais passés dans les bras de la Mère universelle.

Une Californienne m'a raconté ce qui lui a fait comprendre à quel point Amma l'aimait. Cela se passait quelques mois avant la venue d'Amma en Californie. Sa grand-mère était mourante et en montrant une photo d'elle à une amie, cette dame lui a dit : « C'est ma mère. » Elle avait été élevée par sa grand-mère, qui lui avait témoigné bien plus d'amour que sa mère biologique. Avec beaucoup d'enthousiasme, elle a expliqué à son amie tout ce que sa grand-mère représentait pour elle. Elle avait l'impression que ce n'était pas sa grand-mère, mais bel et bien sa mère qui mourait.

Quelques mois plus tard, après la mort de sa grand-mère, quand cette personne est passée au *darshan*, Amma a insisté : « Ta mère, c'est moi ! » avec le ton même sur lequel cette dame avait parlé de sa grand-mère à son amie. C'était comme si Amma avait assisté à la conversation et voulait clarifier la situation. Cette femme est restée sidérée, bouleversée de voir à quel point Amma l'aimait. Quand elle est retournée à sa place après le *darshan*, elle s'est aperçue que son chagrin avait disparu. Amma avait totalement gommé la peine qui ne l'avait pas quittée pendant des mois ; la douleur n'est jamais revenue.

La foule est souvent impressionnante aux programmes d'Amma. Une femme qui détestait ce genre de grands rassemblements s'est sentie très mal la première fois qu'elle est venue voir Amma. Quand son tour est enfin venu de passer au *darshan*, elle a demandé à Amma si elle était bien son maître spirituel. Amma a acquiescé : elle était bien son maître. Amma, qui savait que cette femme détestait être perdue au beau milieu de cette foule lui a dit : « Même s'il a mille vaches, le fermier sait tout de suite s'il en manque une. » En bonne New-Yorkaise, cette citadine ne connaissait rien aux vaches et n'a pas saisi la portée de cette comparaison. Utilisant une autre image, Amma lui a dit qu'elle avait 1000 yeux dont deux qui ne voyaient qu'elle. Soulagée par cette explication, l'Américaine est repartie heureuse.

Amma a tant de dévots que certains s'inquiètent de savoir si elle peut leur consacrer du temps personnellement. Ils se demandent si leurs prières et leurs pensées arrivent à Amma quand ils sont physiquement loin d'elle.

« Amma, comme il y a beaucoup de gens qui t'appellent, j'ai peur que ta ligne ne soit occupée quand j'essaie d'entrer en communication avec toi, » a déclaré un dévot. Mais Amma l'a assuré qu'elle est connectée à tout le monde en permanence ; sa ligne n'est jamais occupée. Les téléphones portables ont un réseau limité mais pas Dieu. Avec Amma, il s'agit d'une communication directe au niveau du cœur, alors peu importe l'endroit où nous sommes. Amma utilise les mots de l'amour ; elle est au-delà du temps, de la distance et de tous les autres obstacles qui pourraient, comme nous le craignons, nous séparer d'elle.

En 2007, dans le sud de l'Inde, un des programmes a attiré une foule inimaginable. A la fin de son *satsang*, Amma a dit aux dévots qu'elle savait combien ils regrettaient de ne pas pouvoir lui confier leurs problèmes. Vu le nombre important de personnes qui passent au *darshan*, chacun ne reste en général qu'une seconde ou deux auprès d'Amma. « Amma n'est pas comme un docteur ou un avocat à qui il faut tout dire. Les enfants n'ont pas besoin de dire quoi que ce soit à Dieu. Amma peut entendre le cœur de chacun de ses enfants, elle en a fait le *sankalpa,* » a ajouté Amma.

Une dame de Seattle a raconté qu'à l'âge de six ans, son fils avait dit à Amma qu'il voulait être le Premier Ministre de son pays. Quatorze ans plus tard, Amma en a reparlé à ce garçon devenu jeune homme et tous deux ont bien ri.

Amma se rappelle tous ses enfants, où qu'ils soient. N'en doutons jamais.

Un jour, en Amérique, un Indien à longue barbe blanche est venu pour le *darshan.* Un dévot a remarqué ce vieil homme lorsqu'il est passé dans les bras d'Amma. Par la suite, les deux hommes se sont retrouvés assis côte à côte pour le programme du soir. Le dévot a salué le vieil homme et lui a demandé s'il était indien. Acquiesçant, il a ajouté que c'était la première fois qu'il venait en Amérique, pour voir son fils installé dans ce pays. Il avait rencontré Amma quatorze ans auparavant, à un programme en Inde et il ne l'avait pas revue depuis. Puis il a raconté au dévot que pendant le *darshan,* Amma lui avait murmuré à l'oreille : « Mon fils, mon fils, où étais-tu passé depuis 14 ans ? »

Pendant le tour des USA, des retraites sont organisées dans 5 ou 6 villes. Le second soir de la retraite, Amma sert à manger à tout le monde, puis elle se met à une table au milieu de tous les petits. Les enfants se mettent en file autour d'Amma pour recevoir un morceau de *pappadam.* Les parents s'empressent d'amener leurs jeunes enfants à Amma pour qu'elle leur distribue cette nourriture bénie.

Un soir, en 2006, pendant la retraite du Nouveau-Mexique, Amma avait fini de donner à manger à tous les enfants qui étaient à sa table et s'apprêtait à quitter la pièce. Une jeune mère avait intentionnellement tenu son bébé de six mois à l'écart de la distribution de *pappadams,* parce qu'il était prévu qu'Amma lui donne sa première nourriture solide le lendemain soir, pendant le

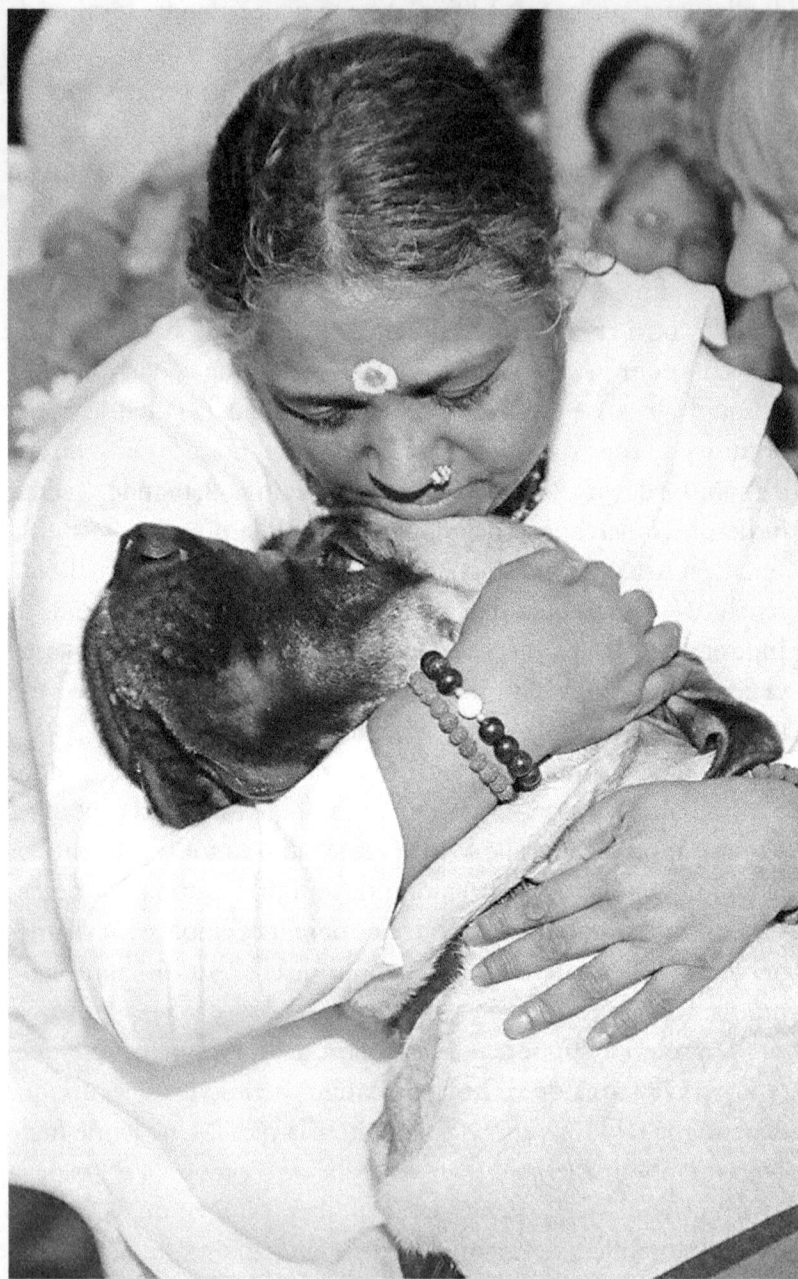

Dévi Bhava. (Au cours d'un rituel, Amma prend les bébés sur ses genoux et leur donne du *payasam* à sucer sur ses doigts.)

En quittant la pièce, Amma a remarqué cette mère avec son bébé dans les bras. Sans hésiter, elle s'est dirigée vers eux. Tenant un morceau de *pappadam* à la main, Amma a demandé si le bébé avait eu à manger. Déjouant les plans de la maman, Amma était bien décidée à nourrir le bébé tout de suite. En mère qui veille à tout, elle ne voulait pas qu'un de ses enfants soit lésé. Ce bébé était si mignon qu'en fin de compte, il a été nourri deux fois des mains d'Amma.

En 2006, à la fin d'un programme dans le nord du Kérala, Amma avait vu près de 80 000 personnes. Après ce long *darshan*, Amma n'a pas eu le temps de se reposer car des dévots lui avaient demandé de venir chez eux juste après le programme. Amma a honoré tous ses engagements puis elle s'est dirigée vers son véhicule. Nous étions tous soulagés qu'elle puisse enfin prendre un peu de repos. Mais à notre grande surprise, Amma a souhaité aller voir deux enfants qui lui demandaient depuis longtemps de venir les voir. Ils avaient perdu leur mère et Amma avait de la compassion pour ces orphelins. Nous étions désolés qu'elle fasse encore une visite après tout ce qu'elle avait déjà fait mais elle n'a rien voulu entendre quand nous nous avons insisté pour qu'elle se repose.

Exaspéré, quelqu'un a cherché l'adresse exacte des deux enfants, mais personne ne savait vraiment de qui il s'agissait. Amma voulait à tout prix que nous essayions de les trouver ou de les contacter. Elle tenait à se rendre chez ces enfants qui lui tenaient toujours la main quand elle regagnait sa chambre et lui avaient demandé plusieurs fois de venir. Elle voulait absolument exaucer leur désir. Malheureusement nous n'avons pas réussi à les trouver, alors à contre cœur, Amma nous a donné le feu vert pour reprendre la route.

Nous étions en transit au Sri Lanka au début d'une tournée à l'étranger ; une voiture nous emmenait vers notre lieu d'hébergement. Le chauffeur avait allumé l'autoradio qui diffusait de la musique moderne. Amma tapotait doucement du bout des doigts pour marquer le rythme disco. Cela m'a fait tout drôle parce que ce n'est pas du tout le style de musique d'Amma. En me voyant étouffer un rire, Amma m'a demandé ce qui m'amusait tant. J'ai répondu que je n'aurais jamais pensé qu'elle s'intéresse à la musique disco. Amma a souri en disant qu'elle voyait les *dévas* (êtres célestes) dans le *raga* (mode) de n'importe quelle musique. Dans la conscience d'Amma, Dieu existe partout.

A Munich, en 2006, la scène et le hall étaient décorés de ballons rouges en forme de cœur. A la fin du dernier programme, quelqu'un a rassemblé tous les ballons avant d'aller attendre Amma dehors à la sortie du hall. A 9 heures du matin, cette personne a remis le beau bouquet à Amma qui a lâché les ballons un à un comme si elle les bénissait tous au fur et à mesure qu'ils s'envolaient doucement.

Émerveillés, nous les avons longuement regardés danser lentement dans le vent avant qu'ils ne s'éloignent, lâchés dans l'univers. Le symbole était très fort. Dans la voiture d'Amma, je me suis retournée à plusieurs reprises pour voir les cœurs dériver au loin ; je me demandais où ils atterriraient – j'ignorais quelle distance ils pouvaient parcourir, mais je savais qu'Amma les accompagnait de son amour.

Après une nuit blanche, j'avais le cerveau trop fatigué pour analyser la portée symbolique de ces ballons. Mais à tête reposée, j'ai compris que nous sommes tous comme ces ballons à l'hélium en forme de cœur. Amma nous rassemble pendant un court moment ; elle nous prend dans ses bras et nous garde près d'elle ; elle nous donne son amour et nous souhaite le meilleur. Puis tous ses vœux et ses prières nous accompagnent tandis qu'elle nous laisse repartir pour que nous arrivions sains et saufs à notre véritable destination.

Un jeune Israélien très indépendant faisait le tour du monde, cherchant un sens à sa vie. De passage à l'ashram, ce jeune homme a apprécié Amma mais il a néanmoins continué sa route. Après plusieurs mois passés à explorer toute l'Inde, il est finalement revenu demander à Amma ce qu'il devait faire de sa vie. Après tout ce qu'il avait vu, il savait qu'elle serait la seule à lui donner la bonne réponse.

Nombre de gens vont d'échec en échec. Désemparés et l'âme en peine, ils font du mal aux autres faute d'avoir appris à vivre. Je remercierai toujours Amma de m'avoir fait voir la véritable nature du monde et de nous avoir montré que la joie vient du service des autres. Rappelons-nous ce cadeau merveilleux et essayons d'en être dignes. Redonnons aux autres l'amour et la grâce qui ont rempli notre vie.

Je suis toujours interloquée de voir à quel point Amma est infatigable. Il est indubitable que personne en ce monde n'a jamais été habité par un désir aussi phénoménal de servir l'humanité. Personne au monde n'a jamais été un tel modèle d'humilité et de compassion.

Il y a six milliards d'habitants sur cette Terre. A l'échelle de la planète, seule une poignée de personnes a la chance de connaître Amma. Quelle bénédiction pour nous ! Amma donne sa vie en offrande pour essayer de nous enseigner quelque chose d'infiniment important. Il ne faut pas qu'elle vive en vain. Il est donc de notre devoir d'assimiler ne serait-ce qu'une partie de son enseignement.

En Espagne, pendant le tour d'Europe de 2005, une petite fille de 7 ans est venue voir Amma sur scène pendant que nous nous préparions pour les bhajans. L'enfant avait une lettre à la main mais Amma discutait avec le swami qui jouait de l'harmonium et tournait le dos à la petite. Hésitant à couper la parole à Amma, l'enfant a attendu poliment pendant quinze secondes avant de lancer timidement sa lettre sur les genoux d'Amma et de se sauver en courant.

Amma a alors ouvert la lettre, écrite en espagnol par une petite main d'enfant. Elle voulait connaître le contenu de la lettre, et nous avons été quelques-uns à y jeter un coup d'œil, sans pouvoir la déchiffrer. Comme Amma voulait à tout prix savoir ce qui était écrit, j'ai appelé un traducteur. Voici ce que la petite fille avait écrit : « Chère Amma, je t'aime vraiment beaucoup. Merci d'être la meilleure partie de toute ma vie. »

Amma a embrassé la lettre en souriant avant de la déposer à côté d'elle. Le petit mot est resté à côté d'Amma jusqu'à la fin du programme. Pendant une heure, mon regard a été régulièrement attiré par cette lettre. J'étais remplie de respect et d'admiration car cette petite fille avait vraiment su exprimer le sentiment de la plupart des dévots. En dépit de son âge tendre, la petite avait touché du doigt une vérité insondable. A mon avis, bon nombre d'entre nous auraient voulu écrire ce genre de lettre à Amma. Tout tient en si peu de mots.

« *Chère Amma, je t'aime vraiment beaucoup. Merci d'être la meilleure partie de toute ma vie.* »

Glossaire

Achan : Père en malayalam (langue du Kérala)

AIMS : Institut Amrita de Sciences Médicales. Centre hospitalier d'Amma à Cochin

Amritapuri : Ashram principal d'Amma situé au Kérala.

Amritavarsham50 : Manifestation et prière organisée en 2003 à Cochin pour la paix et l'harmonie, en l'honneur du cinquantième anniversaire d'Amma.

Arati : Rituel qui consiste à décrire des cercles avec du camphre enflammé devant la divinité, tout en agitant une cloche. Rituel exécuté à la fin d'une cérémonie religieuse pour symboliser l'offrande totale de l'ego à Dieu.

Ashram : Communauté au sein de laquelle on pratique une discipline spirituelle ; demeure d'un saint.

Atman : Soi Suprême ou Conscience Suprême ; fait référence à la fois à l'Âme suprême et à l'âme individuelle.

Avadhuta : Personne qui a réalisé Dieu mais qui ne respecte pas les normes sociales.

Bhajan : Chant dévotionnel.

Bhava : Manifestation d'un aspect particulier du Divin.

Bidi : Cigarette fabriquée avec des feuilles séchées et roulées.

Brahmachari : Moine.

Brahmacharini : Équivalent féminin de brahmachari. Nonne.

Brahmacharya : Pratique du contrôle des pensées, des paroles et des actions. Célibat et maîtrise des sens.

Brahmasthanam : Temple dont la déité centrale a quatre faces (Ganesh, Shiva, Dévi et un serpent) qui représentent les multiples aspects de la même Unité.

Chaï : Thé au lait indien.

Chillum : Pipe en terre utilisée pour fumer du tabac ou des drogues.

Darshan : Vision du divin ou rencontre d'un saint.

Dévi : Mère Divine.

Dévi bhava : « Manifestation Divine ». État dans lequel Amma révèle son unité et son identité avec la Mère Divine.

Dharma : Devoir ou responsabilité ; la loi divine ; ce qui est juste.

Dhoti : Vêtement masculin, morceau de tissu que les hommes s'enroulent en général autour de la taille.

Ego : Conscience limitée du « je » identifiée à tous les attributs limités de l'être tels que le corps ou le mental.

Guru : Maître spirituel.

Kalari : Petit temple où Amma donnait à l'origine le darshan en Krishna Bhava ou en Dévi Bhava.

Karma : Action ou acte. Également la chaîne des effets entraînés par nos actions.

Maha samadhi : Retrait définitif de la force vitale du corps.

Mahatma : Littéralement « grande âme » Titre hindou, utilisé comme forme de respect en faisant référence à une personne d'un haut niveau spirituel. Dans ce livre, mahatma fait référence à une âme qui a réalisé Dieu.

Mala : Guirlande ou collier.

Malayalam : Langue maternelle d'Amma ; langue du Kérala.

Mantra : Un son ou un groupe de mots sacrés qui ont le pouvoir de transformer.

Maunam : vœu de silence.

Maya : Illusion.

Om namah shivaya : Puissant mantra qui a plusieurs significations, en général il signifie : « Je m'incline devant l'Éternel. »

Pada puja : Cérémonie traditionnelle au cours de laquelle on lave les pieds du guru.

Pappadam : Aliment très populaire, sorte de chips très fines et rondes habituellement servies avec du riz.

Pitham : Siège sacré.

Pranam : Forme de salutation en Inde. Les paumes de mains sont serrées l'une contre l'autre au niveau du cœur puis portées au niveau du front. Variante de la prosternation complète ; marque de respect.

Prarabdha karma : Fruits des actions accomplies dans les vies antérieures. Notre destin est d'en subir les conséquences dans cette vie.

Prasad : Offrande bénie ou cadeau offert par un saint ou un temple.

Pulisheri : Sauce à base de yaourt bouilli assaisonnée d'épices et de curcuma, faite pour accompagner le riz.

Puja : Cérémonie au cours de laquelle on vénère une divinité.

Raga : Structure mélodique des notes en musique indienne, qui exprime un certain état d'esprit.

Rudraksha : Graine d'un arbre qui pousse en général au Népal, célèbre pour ses vertus médicinales et pour les bienfaits qu'en retirent les chercheurs spirituels. Connu dans la légende sous le nom de « Larmes du Seigneur Shiva ».

Sadhana : Pratiques spirituelles qui conduisent au but, la réalisation du Soi.

Sadhu : Personne sainte.

Samadhi : Unité avec Dieu. État transcendantal dans lequel on perd tout sens de l'identité individuelle.

Sambar : Légumes cuits avec un mélange de piments et d'épices

Samskara : Samskara a deux significations: 1 : Culture du cœur 2 : Totalité des impressions que nos expériences (vécues au cours de vies antérieures) ont imprimées dans notre mental et qui influencent la vie des êtres humains, leur nature, leurs actions, leur état d'esprit, etc.).

Sanatana dharma : Littéralement « sagesse (loi) éternelle ». Nom d'origine par lequel on se réfère traditionnellement à l'hindouisme.

Sankalpa : Résolution.

Sanskrit : Langue indienne ancienne.

Sannyasin : Personne qui a prononcé les vœux solennels de renoncement. Est habillé en ocre pour symboliser la disparition des attachements terrestres dans les flammes.

SARS : SRAS syndrome respiratoire aigu sévère.

Satsang : discours ou discussion sur la spiritualité ; être en compagnie de saints et de dévots.

Seva : Service désintéressé.

Siddha yogi : Littéralement « celui qui a réussi ». Celui qui est parvenu à l'état de réalisation du Soi.

Sugunachan : Père biologique d'Amma.(Sugunanandan achan).

Swami : Quelqu'un qui a prononcé les vœux monastiques du célibat et du renoncement.

Tabla : Tambour du nord de l'Inde

Tapas : Austérité, difficulté qu'on s'impose à soi-même pour se purifier.

Tulasi : Basilic sacré, plante médicinale.

Unniappam : Friandise passée à la friture, populaire au Kérala.

Vasanas : Impressions résiduelles laissées par les objets et les actions accomplies, tendances latentes.

Vedanta : Littéralement « fin des Védas », système philosophique qui repose sur les enseignements des Upanishads. Selon le

Védanta, Dieu est la seule réalité et la création est essentiellement une illusion.

Vibhuti : Cendre sacrée, donnée en général par Amma comme prasad

www.ingramcontent.com/pod-product-compliance
Lightning Source LLC
LaVergne TN
LVHW020353090426
835511LV00041B/3031